Constantin Schreiber

POLYGLOTT

In den Straßen von Bastakiya – eines der aufwendig restaurierten Viertel Dubais

Willkommen in Dubai – der »City of the Future«!

Imposante Wolkenkratzer, Shopping-Erlebnisse der Extraklasse, Luxus, Glitzer & Glamour und Influencer-Hotspot – all das kommt einem in den Sinn, wenn man an die größte Stadt in den Vereinigten Arabischen Emiraten (VAE) denkt. Doch das ist längst nicht alles, was die Stadt ausmacht.

Wenn abends die blutrote Sonne am Horizont das Wasser des Persischen Golfes scheinbar berührt, ist es fast, als würde sie mit einem Zischen und Schäumen langsam ins Meer eintauchen. Ich halte mir die Hand über die Augen, während ich das allabendliche Schauspiel verfolge. Um mich herum setzen in den Dutzenden und Aberdutzenden Moscheen die Muezzine zum Gebetsruf an: »Allahu Akbar« – »Gott ist größer«. Und »Haya al-salat« – »Kommet zum Gebet«. Sobald die Sonne sich senkt, zieht eine leichte Brise auf, ein wenig Abkühlung, nachdem es hier am Rande der Arabischen Wüste tagsüber über 40 Grad heiß war. Vogelschwärme ziehen über das Wasser des Creek. Kleine Dhow-Boote, manche mit Waren beladen, andere mit Touristen aus allen Teilen der Welt, setzen von einem Ufer zum anderen über. Der Duft von frischem Curry und exotischen Gewürzen steigt in meine Nase.

Arabischer Zauber in historischen Gassen

Dies ist einer meiner Lieblingsorte in Dubai – das alte Herz der Stadt, wo alles begann. Wo schon vor Jahrhunderten Händler ankamen, wo – lange bevor Dubai reich wurde – einfache Familie mit Perlentauchen ihren Lebensunterhalt verdienten. Und wo heute all das zusammenkommt, was dieses Emirat so einzigartig macht: die funkelnden Hochhäuser, der Zauber der arabischen Welt, die indischen Imbisse in kleinen Straßen und Gassen, Gold- und Gewürzsouks und die Magie des Südens, mit diesem gleißenden Licht, den warmen Abenden, wenn sich das Leben nach draußen verlagert.

Das erste Mal, dass ich nach Dubai kam, war im Sommer 1999. Wobei die Vorgeschichte etwa ein halbes Jahr früher begann: Meine Tante hatte

Blick auf den Burj Khalifa Lake mit seinen Wasserspielen

mir von einer Gruppe junger Emirati erzählt, die in Jülich studierten und es schwierig fanden, sich in Deutschland zurechtzufinden bzw. mit Deutschen in Kontakt zu kommen. Sie fragte, ob ich sie nicht ein bisschen unter meine Fittiche nehmen könnte, was ich gerne tat. Im Gegenzug luden mich die Emirati in ihre Heimat ein. Sicher, zwischen 1999 und 2022 liegen mehr als zwei Jahrzehnte. Wenn ich mir aber heute die Stadt von damals in Erinnerung rufe, bin ich immer wieder fasziniert davon, wie sie sich seitdem verändert hat und immer weiter verändert.

Mein erster Besuch in Dubai

An einem Abend im Jahr 1999 landete ich zum ersten Mal in Dubai und betrat die kleine, etwas angestaubte Ankunftshalle des alten Flughafens, der so gar nichts gemein hat mit dem gigantischen, klinisch reinen Flughafen heute. Die Airline »Emirates« war gerade dabei, sich zu dem riesigen Luftfahrtunternehmen von heute zu entwickeln. 4,7 Millionen Fluggäste beförderte »Emirates« damals, die Flotte bestand aus 32 Flugzeugen. 2020 waren es 15,8 Millionen Passagiere, mehr als 250 Maschinen. Ich erinnere mich, dass die Maschine bis auf den letzten Platz voll war und ich etwas spät zum Check-in erschien, weswegen ich nur noch einen Platz im Raucherbereich des Flugzeugs bekam. Heute natürlich unvorstellbar.

Nach meiner Ankunft, mitten in der Nacht, fuhr ich mit meinen emiratischen Bekannten die Sheikh Zayed Road hinunter, links und rechts große weite Flächen Sand, unbebaute Grundstücke. Ein gigantisches

Downtown Dubai: »Dreams begin here«

Hochhaus ragte damals bereits empor, die Emirates Towers, die heute eher klein wirken gegen all die anderen Wolkenkratzer. Und natürlich das Hotel Burj al-Arab«. Ich wohnte in einem Hotel, das vereinsamt am langen feinen Strand stand, draußen grasten ein paar Kamele. Mehrmals die Woche versammelten sich arabische Teenager zur Poolparty.

Von 2006 bis 2009 arbeitete ich schließlich als Journalist in dieser Stadt. Es war für mich eine tolle Zeit, was auch daran lag, dass ich von Dubai aus fast alle Winkel des Nahen Ostens bereiste und das Emirat für mich immer ein sicherer, komfortabler Rückzugsort war. Das Leben in der Stadt selbst war faszinierend, weil Dubai es so unglaublich übertreibt. Vieles ist nicht schön, dafür aber atemberaubend, irre, unvergleichlich. Und gleichzeitig liegt diese Stadt inmitten einer Wüste, deren Ruhe und Endlosigkeit mich immer wieder in ihren Bann zieht. »City of the Future« – so nennt sich Dubai selbst. Das Emirat – ein Ort, der wirklich niemals schläft, ein Schmelztiegel, an dem Menschen aus aller Welt leben, arbeiten, Urlaub machen – weswegen viele Dubai als New York des Nahen Ostens bezeichnen. Dubai ist ultramodern, jung, schnell. Und gleichzeitig traditionsbewusst, konservativ und auch bekannt für zahlreiche Menschenrechtsverletzungen.

Menschen aus aller Welt

Und ein Ort, an dem sich Menschen von überallher treffen. In den drei Jahren, in denen ich in Dubai gelebt und gearbeitet habe, war mein Freundeskreis international wie überhaupt das Leben in der Metropole am Golf: Mein Büro in der Media City teilte ich mir mit Amal, einer Producerin aus dem Libanon. Sie arbeitete für den TV-Sender al-Arabiya und brachte mir regelmäßig Baklava, Süßigkeiten aus ihrer Heimat, mit. Mein Kameramann war Javid, der aus Indien stammte, aber der religiösen Minderheit der Zoroastrier angehörte – die ich vorher nicht kannte, deren Tradition und Glaube er mir aber in vielen Gesprächen näherbrachte. Und mein Nachbar war Christopher, ein Ingenieur aus Rio de Janeiro, mit österreichischen Vorfahren, der daher ein bisschen Deutsch sprechen und das mit mir üben wollte.

Als Journalist lernte ich natürlich auch die anderen Seiten des Emirates kennen: die Energieverschwendung, wegen der vielen Klimaanlagen, etwa oder die problematische Menschenrechtslage, die Demokratiedefizite in dem Land. Themen, über die ich häufig berichtete und die ebenso Teil Dubais sind wie die beeindruckende Hochhauslandschaft, die Wüste und die traditionelle Kultur.

Was mich bis heute immer wieder nach Dubai zurückkehren lässt, ist die unglaubliche Mischung an Menschen aus allen Teilen der Welt. Es ist eine Mischung, die es so wohl nur in Dubai gibt. Und auch wenn das Drumherum auf den ersten Blick vor allem geplante Staffage ist, so bringen all diese Menschen doch einen authentischen Teil aus ihrer Heimat mit. Die Inder, die Pakistani, die Brasilianer, die Briten, die Nigerianer. Es ist die Abwechslung und Vielfalt und das Tempo der Veränderung, was Dubai für mich ausmacht: das Leben am Meer, wo ich morgens vor der Arbeit mit dem Sonnenaufgang an der Strandpromenade vor der Jumeirah Beach Residence joggen gehen konnte. Das Sich-treiben-Lassen in den älteren Teilen der Stadt in Deira mit den kleinen indischen und pakistanischen Geschäften und Schnellimbissen. Das Kennenlernen der arabischen Kultur und Tradition bei Besuchen in Moscheen in Umm Suqeim oder Einladungen zu privaten Veranstaltungen mit einheimischen Familien. Die Offenheit, die hier herrscht – denn auch wenn Dubai natürlich ein muslimisch geprägtes Emirat mit uralten Traditionen ist, so herrscht hier eine Aufbruchsstimmung und Zukunftsbegeisterung, wie ich es an wenigen Orten der Welt erlebt habe.

Das Schreiben dieses Reiseführers war für mich ein spannender Prozess, auch weil ich mich noch einmal zurückerinnerte an das Dubai Ende des vergangenen Jahrhunderts, das ich damals besuchen konnte und das so anders war als die Metropole heute. Beim Schreiben dieses Buches habe ich mich vor allem gefragt:

Was muss man unbedingt sehen, entdecken und tun, wenn man nach Dubai reist, um etwas von der Seele dieses Ortes mitzubekommen?

Das ist natürlich subjektiv. Mir geht es zum Beispiel so, dass die Faszination Dubai über die ständigen Superlative hinausgeht. Ja, den »Burj Khalifa« muss man gesehen haben! Aber ständig gibt es irgendwo noch

Hoch, höher, Burj Khalifa – das schmale und elegante Gebäude sieht aus wie eine Nadel und ist eines der Wahrzeichen Dubais.

die größte Mall oder das schiefste Hochhaus. Locations, die man angeblich nicht versäumen darf, wechseln permanent und bieten immer neuen ausgefallenen Glitzer. Ich habe daher hier darauf verzichtet, ausführlich die besten Bars und Restaurants aufzulisten – diese ändern sich sowieso schneller, als man einen Reiseführer nachdrucken kann. Ich habe mir vorgenommen, den Charakter Dubais, wie ich ihn erlebt habe, wiederzugeben. Denn die Stadt und ihre Umgebung bieten sehr viel mehr, als man auf den ersten Blick meinen könnte. Wer würde zum Beispiel bei Dubai gleich an Kunst und Natur denken? Dabei liegt das Emirat im Herzen einer extrem abwechslungsreichen Gegend, die es zu entdecken gilt und wofür es sich lohnt, die eigentlichen Stadtgrenzen auch mal zu verlassen.

Mich hat das sogenannte »Glitzeremirat« jedenfalls seit meinem ersten Besuch nicht mehr losgelassen. Warum und was es so besonders macht – das möchte ich Ihnen gerne näherbringen.

Meine Lieblingsorte
in Dubai

Abendstimmung am Creek

Strand in Umm Suqeim

Im Alten Souk

Nicht ohne (m)ein Kamel

In den Straßen von al-Fahidi

Aussichtsplattform am Burj Khalifa

Weißer als jedes T-Shirt:
die strahlende Sheikh-Zayed-Moschee

Mein Dubai

Die imposante Dubai-Skyline
im morgendlichen Nebel

Inderinnen spazieren entlang des Creek, im Hintergrund der Alte Souk.

1

Stadtgigant Dubai: ein Orientierungsversuch

Wassertaxen und Kreuzfahrtriesen, Prachtstraßen, künstliche Inseln und eine ganzjährige Sonnengarantie

Metropole zwischen Meer und Wüste

Dubais Wandel von der kleinen Fischer- und Perlentaucherstadt hin zur modernen Metropole verlief rasant. Sie ist eine der wenigen Städte, die nach einem Masterplan entwickelt wurden.

Meer und Wüste – und dazwischen die riesige Glitzermetropole. Insgesamt bedeckt Dubai eine Fläche von 3885 Quadratkilometer das ist geringfügig größer als die Baleareninsel Mallorca. Siebzig Kilometer lang wäre die Küstenlänge zum Persischen Golf des Emirats – wäre diese Küstenlänge nicht durch Großprojekte wie The Palm noch einmal verlängert worden, auf schätzungsweise mehr als 1500 Kilometer! Dabei bedeckt die Metropole gerade einmal 10 Prozent der gesamten Fläche des Emirats, der Rest ist Wüste, die teils ganz unvermittelt hinter einem Wohn- oder Geschäftsviertel beginnt.

Natürlich besteht Dubai aus vielen verschiedenen Stadtteilen. Es würde zu weit führen, jeden einzelnen zu beschreiben und zu charakterisieren, zumal einige ineinander übergehen, ohne dass man das wirklich bemerken würde und andere nur aus gesichtslosen Wohnblöcken bestehen. Grob lassen sich drei große Gebiete ausmachen.

Deira und Bur Dubai - historischer Kern Dubais

Deira bzw. al-Fahidi ist das alte Dubai, wo die Grundlagen für die heutige Stadt gelegt wurden. Dieser Teil der Stadt wird geprägt vom Dubai Creek. Dieser ist nicht, wie man vielleicht wegen seiner Erscheinungsform meinen könnte, ein Fluss, sondern ein lang gezogener Meeresarm. Er ist 14 Kilometer lang und hat eine Breite von 115 Metern an der Mündung, bis zu 1400 Metern an seinem Ende. Hier brachen früher die Perlentaucher auf, und Handelsschiffe aus Persien, Indien und anderen Teilen der Welt legten an, viele von ihnen beladen mit Gold und wertvollen Gewürzen.

Der Creek teilt diesen Bereich der Stadt in zwei Gegenden: Deira auf der östlichen Seite, nicht weit vom internationalen Flughafen. Und Bur

Fassade des Scheich al-Maktoum House, das bis 1958 Residenz der Herrscherfamilie al-Maktoum war

Dubai auf der westlichen Seite, das sich dann weiter zu den touristischen Gebieten entlang des Strandes öffnet. Im 19. Jahrhundert ließen sich am Creek die Mitglieder des Bani Yas Stammes nieder, die Vorfahren der jetzigen Herrscherfamilie al-Maktoum. Jahrzehnte später, zu Beginn des 20. Jahrhunderts, legten am Creek kleine Frachtschiffe, sogenannte Dhows, an, die von hier aus Handel mit Ostafrika und Indien trieben. Der Creek war Zentrum der Fischerei, die in den flachen und warmen Gewässern im Golf gute Erträge brachte. Die Perlenindustrie entwickelte sich zum wichtigsten Wirtschaftszweig Dubais, bis in den 1930er-Jahren Zuchtperlen auf den Markt kamen und zum Zusammenbruch des Marktes im Emirat führten.

In den 1950er-Jahren – Dubai war damals noch Teil des britischen Empire – begann der Umbau des gesamten Gebiets. Der Strand am

Mit dem Wassertaxi auf dem Creek unterwegs zur Arbeit

Creek wich befestigten Uferanlagen, der Wasserarm wurde insgesamt vertieft und ausgebaggert, nun konnten hier auch größere Schiffe regelmäßig abgefertigt werden. Heute ist die Gegend um den Creek eine der spannendsten Regionen Dubais. Die Skyline direkt am Wasser mit den pittoresken Wassertaxen bietet eine wunderbare Kulisse, dahinter legen riesige Kreuzfahrtschiffe an. Inzwischen wurde der natürliche Creek künstlich verlängert. Für Hunderte Millionen Dirham wurde eine künstliche Wasserschleife ausgebaggert, die einen Kanal südlich von Jumeirah bis hin zur Sheikh Zayed Road und wieder Richtung Küste schlägt. Und Dubai wäre nicht Dubai, gäbe es nicht noch weitere Pläne: künstliche Inseln auf dem Creek mit einem neuen höchsten Gebäude der Welt, dem Dubai Creek Tower, und mehrere neue Brücken, die über den Meeresarm führen sollen.

Jumeirah – ultramodernes Touristenviertel

Etwas westlich der Gegend um den Creek liegen Umm Suqeim und Jumeirah. Bis zum Anfang des Jahrtausends waren dies die Vororte Dubais, in denen vor allem Einheimische der mittleren Oberschicht in Villen lebten und auch einige Angehörige der Herrscherfamilie. Auch heute noch ist für diesen einheimischen Teil der Bevölkerung Jumeirah und Umm Suqeim ein bevorzugter Wohnort, aber auch für viele wohlhabendere Expats, die aber hier – im Gegensatz zu Vierteln wie Dubai Marina – kein Wohneigentum erwerben dürfen, sondern nur zur Miete wohnen. Umm Suqeim und Jumeirah erstrecken sich in etwa vom westlichen Ende des Dubaier Hafens bis zur neu geschaffenen Dubai Marina – auf einer Länge von knapp 25 Kilometern.

Ich hatte hier 2006 meine erste Wohnung gemietet, in einer kleinen Seitenstraße, fünf Minuten vom Strand entfernt. Ein älteres Haus mit einem kleinen Innenhof. Ich musste nur die Straße hinuntergehen, und schon befand ich mich am Jumeirah Beach, der damals noch fast ohne Unterbrechung vom Hafen bis zum Jumeirah Beach reichte. Ein paar wenige Westler und Gastarbeiter besuchten den Strand.

15 Jahre später sieht dieser Küstenabschnitt gänzlich anders aus. Einen durchgängigen Strand gibt es nicht mehr, sondern viele Abschnitte, die entweder privat sind oder an denen kleine Jachthäfen gebaut wurden. Vor den verbliebenen öffentlichen Stellen kann man sein Auto inzwischen auf großen Parkplätzen abstellen, es gibt Strandbars und -cafés. Als ich Ende 2021 die Straße besuchte, in der ich damals gewohnt hatte, war das alte Haus abgerissen, stattdessen wurden dort gerade Reihenhäuser im Luxusstil gebaut.

Ist das nun gut oder schlecht? Das mag jeder anders sehen. Klar, jetzt gibt es eine bessere Infrastruktur, man kann auch mal einen Kaffee am Strand trinken. Aber der nahezu unberührte Strand am Rande der Stadt war für mich früher ein Sehnsuchtsort. Das ist er heute nicht mehr.

Auch andernorts müssen die Städteplaner aus meiner Sicht aufpassen, dass sie dieses eigentlich sehr attraktive Viertel nicht verunstalten. Früher gab es in Umm Suqeim mit Safa Park eine herrliche Gartenanlage, mit hochgewachsenen Bäumen, Palmen und Wiesen. 70 Prozent von Safa Park wurden abgerissen, um Platz für eine neue Marina mit Hochhäusern zu schaffen.

NICHT VERPASSEN

Wild Wadi Wasserpark

Von der Schnellstraße in Jumeirah weithin zu sehen ist der Wild Wadi Waterpark mit dem Jumeirah Sceirah, einer steilen Wasserrutsche. Nach einer Kletterpartie auf schwindelerregende 32 Meter Höhe können hier zwei mutige Wasserratten gleichzeitig jeweils auf einer eigenen Falltür Position einnehmen. Sobald sich die Türen öffnen, geht es mit Geschwindigkeiten von bis zu 80 km/h durch zwei separate, je 120 Meter lange Röhren. Definitiv nichts für schwache Nerven! Aber es gibt auch andere Attraktionen für Besucher, die etwas weniger Nervenkitzel suchen. Einen »surfing simulator« etwa, in dem man seine Wellenreitkünste auf dem Surfboard testen kann. Oder wenn man gar keinen Adrenalinkick sucht, kann man sich gemächlich auf einem Gummireifen auf einem der Wasserarme durch den Park treiben lassen und dabei ausspannen. Gerade für Familien mit Kindern ist der Wild Wadi Park auf jeden Fall ein Riesenspaß.

Etwas südlich davon, auf der anderen Seite der Sheikh Zayed Road, liegt der Bereich, der Downtown genannt wird und in dem einige der beeindruckendsten Hochhäuser der Stadt, wie der Burj Khalifa, zu finden sind. Bei Downtown handelt es sich um einen Teil der Stadt, der erst seit Mitte der 2000er-Jahre entwickelt wurde.

Im westlichen Teil dieses Abschnitts von Dubai liegt eines der touristischen Zentren der Stadt mit mehreren bekannten und großen Hotels, Malls und Wasserparks. Da ist natürlich vor allem der Burj al-Arab, aber auch das Jumeirah Beach Hotel, die Hotelanlage Madinat Jumeirah. Entlang der Hauptstraße gibt es inzwischen eine Vielzahl von kleinen Cafés und Restaurants. Vor allem abends, wenn es nicht mehr ganz so heiß ist, kann man wunderbar draußen in der Nähe des Wassers sitzen.

Noch ein wenig weiter im Westen liegt die Dubai Marina. Marina steht im Englischen für eine Hafenanlage, an der vor allem Jachten anlegen, in der aber auch Besucher flanieren können und in der es zahlreiche Restaurants und Cafés gibt. Vor den damaligen Toren der Stadt wurde hier in kurzer Zeit ein neuer, gigantischer Stadtteil aus dem Boden gestampft, offenbar in der festen Absicht, amerikanischen Skylines Konkurrenz zu machen, etwa 200 Wolkenkratzer befinden sich hier auf engem Raum. Als ich Ende der 1990er nach Dubai kam, war hier die Stadt zu Ende, die Wüste begann. Heute leben in der Dubai Marina mehr als 70 000 Menschen. Hier befinden sich weniger Bürogebäude, sondern in erster Linie Wohntürme für wohlhabende Ausländer. Außerdem einige große und teure Hotels, wie etwa das Grosvenor House oder das Royal Meridian. Direkt an der Strandpromenade liegt die Jumeirah Beach Residence, kurz JBR (sprich Jey, Be, Ar), die schon allein aus 36 Wohntürmen besteht und sich rühmt, eine der größten Anlagen ihrer Art weltweit zu sein. In den 2007 eröffneten Türmen leben heute mehr als 10 000 Menschen, und der Strandabschnitt in diesem Teil der Stadt zählt allerdings den geschäftigsten in ganz Dubai.

Verkehrskoloss Dubai

Downtown Dubai befindet sich etwa auf halber Strecke zwischen der alten Innenstadt und der Dubai Marina. Nicht kleckern, klotzen war offenbar das Credo, das die Scheichs hier ausgegeben haben, denn alles wirkt vollkommen überdimensioniert. Das fängt bei der Verkehrsführung an. In sich verwobene, gewundene und vierspurige Autobahnen führen um den Burj Khalifa herum oder auf Hochtrassen an der Mall vorbei.

Wer hier nicht genau weiß, wo er als Autofahrer welche Abfahrt nehmen muss, kann lange suchen.

Ich erinnere mich, wie ich regelmäßig fluchend am Steuer saß, als ich die richtige Ausfahrt verpasst habe und wieder eine lange Schleife drehen musste, um zurückzukehren.

Tagsüber wirken die absurd riesigen Verkehrswege eher surreal, wenn man mit dem eigenen Wagen oder dem Taxi über die vielspurigen, dann häufig eher wenig befahrenen Autobahntrassen fährt. Einige der Wege mit ihren auf Stehlen befindlichen Fahrbahnen und den wuchtigen Laternen erinnern mich an die pharaonischen Prozessionswege, die ich in den antiken Stätten in Luxor in Ägypten gesehen habe. In Dubai führen die modernen Prozessionswege zu gigantischen Konsumtempeln, und allabendlich bricht hier trotz der riesigen Ausmaße der Verkehr komplett zusammen. Dann stauen sich die Autokarawanen auf jeder Straße bis zur Sheikh Zayed Road. Ich empfehle daher allen Besuchern, rechtzeitig, also gegen 14/15 Uhr, nach Downtown zu fahren, bevor das Verkehrschaos ausbricht.

Jebel Ali – Freihandelszone und Tiefseehafen

Ganz im Westen der Stadt liegt der Bereich, den ich vereinfacht als Jebel Ali bezeichnen würde. So heißt die hier befindliche Freihandelszone mit dem Hafen. Letztlich handelt es sich um ein riesiges Industriegebiet, durchsetzt von einzelnen Bürokomplexen und Wohn-Gates Communities. Außerdem befindet sich hier der neue Flughafen Dubai World, der einstmals der größte der Welt werden soll. Insgesamt ist dies der Teil der Stadt, der für Touristen am wenigsten interessant ist, auch wenn sich in dieser Region das Gelände der Weltausstellung befindet und eine weitere gigantische Palm Island für 250 000 Menschen gebaut werden soll.

Am Anfang des Kapitels schrieb ich, was Dubai ausmacht: Meer, Wüste und die Glitzerskyline! Und wohl ein großer Teil der Touristen, die Dubai besuchen, kommt gerade wegen des Meeres bzw. der tollen Strände, die sich hier befinden. In Dubai herrscht quasi Sonnengarantie, auch wenn zu Hause in Deutschland das Winterwetter das Leben nach innen verlagert. Zu verlockend!

Wasser und Strand sind in Dubai nie weit weg.

Als ich die ersten Male da war, zog sich der Jumeirah Beach viele Kilometer lang, nur das Hotel Burj, das Jumeirah Beach und das Oasis Beach, und sonst weißer, unberührter Sand.

Heute ist dieser Strand häufig unterbrochen von Molen, künstlichen Kanälen, Marinas, dahinter Hochhäuser. Sieht auf seine Weise atemberaubend aus, aber unberührten Strand gibt es nicht mehr. Und nicht nur das. Viele Abschnitte sind exklusiv Hotelgästen vorbehalten. Das heißt auch: Wer nicht in einem Hotel am Strand wohnt, dem bleiben nur öffentliche Abschnitte, die immer weniger werden und häufig auch besonders voll sind. So gibt es im Stadtteil Umm Suqeim einen schönen öffentlichen Strandabschnitt, der am Wochenende natürlich gut besucht ist.

Die Wassertemperaturen sind ganzjährig warm und liegen zwischen 23 Grad im Januar und 32 Grad im Juli. Der Persische Golf ist ein besonderes Meer. Nur die schmale Straße von Hormuz zwischen Oman und Iran verbindet den Golf mit dem Indischen Ozean und sorgt durch den Zufluss dafür, dass der Persische Golf nicht austrocknet. Denn nur am anderen Ende des Gewässers, im Irak, fließen mit Euphrat und Tigris zwei Flüsse in das Meer. Der Golf ist außergewöhnlich flach. Im Durchschnitt ist er nur 50 Meter tief, an der tiefsten Stelle nur 90 Meter. Zum Vergleich: Auf der anderen Seite der Arabischen Halbinsel befindet sich das Rote Meer, das eine Tiefe von mehr als 3000 Metern erreicht. Im Persischen Golf befinden sich ausgedehnte Korallenbänke, die aber wegen der stark zunehmenden Bevölkerungszahl und der Ölförderung sowie dem Schiffsverkehr bedroht sind.

Skyline am Jumeirah Public Beach

TIPPS

SCHÖNSTE STRÄNDE:

- Jumeirah Public Beach
- Marina Beach
- Al Mamzar Park Beach
- Palm West Beach
- Umm Suqeim Beach
- Sunset Beach

Der Burj Khalifa ist das höchste Gebäude der Welt.
Zum Vergleich: Er ist fünfmal so hoch wie der Kölner Dom

2

Wolkenkratzer der Superlative

Bauliche Wahrzeichen der Stadt in Form von Nadel und Segel, Stelldichein der Stararchitekten und ein Hubschrauberlandeplatz über dem Ozean

Gigantismus und Größenwahn

Architektonische Meisterwerke und abenteuerliche Baukonstruktionen – größer, höher, teurer, Dubai. Geschichte und Fakten rund um die bekanntesten Bauwerke und ein Gespräch mit dem Architekten Martin Geskes über Wolkenkratzer auf Wüstensand.

Ich habe meine Kollegin Suzanne selten sprachlos erlebt, aber als ich mit ihr am Morgen nach ihrer Ankunft in Downtown Dubai, unweit des Burj Khalifa, einen Kaffee hole, stand sie mit offenem Mund da und blickte in Richtung des höchsten Gebäudes der Welt. Suzanne ist eine US-amerikanische Kollegin aus New York, die dort für den Fernsehsender ABC arbeitet. Ich hatte ihr schon häufig angeboten, dass wir gemeinsam nach Dubai fahren und von den vielen Hochhäusern und Bauprojekten berichten. Jedes Mal tat sie unbeeindruckt: »Hey, ich bin New Yorkerin. Wir sind hier so ›vertical‹ – da überrascht mich nichts.« – Dubai hat sie dann doch überrascht.

Das Emirat steht wie kaum ein anderer Ort für aberwitzige und aufsehenerregende Baukonstruktionen.

Los ging der Bauboom in den 1990er-Jahren, damals wurden aber zumeist noch »konventionelle« Hochhäuser gebaut, ohne besondere architektonische Raffinessen. Die Eröffnung der Emirates Towers 1997 stellte dann eine Art Wendepunkt dar. Die Herrscher von Dubai merkten, dass sie mit spektakulären Projekten ihr Emirat weltweit in die Schlagzeilen bringen konnten und Interesse weckten. 1999 wurde dann der Burj al-Arab eröffnet, bis heute ein Wahrzeichen der Stadt. Und der Bauboom nahm an Fahrt auf. Als ich von 2006 bis 2009 in Dubai wohnte, verging kaum eine Woche, in der nicht irgendwo in der Stadt ein neues gigantisches und ungewöhnliches Gebäude eingeweiht wurde.

Skyline im Umbau

Die kühnen und spektakulären Bauprojekte sind eine der Hauptattraktionen des Emirats. Wie sich die Skyline immer weiter veränderte, konnte ich von meiner Wohnung in Dubai tagein, tagaus beobachten. Ich wohnte eine Zeit lang im 37. Stock in der Dubai Marina, mein Blick aus dem Wohnzimmer ging nicht in Richtung Meer, sondern zur anderen Seite, Richtung Stadt. Weit unten rauschte auf der 7-spurigen Autobahn nonstop der Verkehr und sorgte für ein beständiges leichtes Hintergrundgeräusch. Denn weil es ja ganzjährig warm oder heiß ist, sind die Fenster in den Wohnungen kaum isoliert, lassen fast jedes Geräusch von außen herein.

Zu Beginn hatte ich noch einen recht freien Blick Richtung Wüste, dann rollten die Baukräne an und zogen im Rekordtempo ein neues Viertel mit gigantischen Hochhäusern auf der anderen Seite der Autobahn hoch. Buhaira Dubai – Dubai Lakes. Heute stehen auch diese Hochhäuser inmitten der Stadt, die sich seitdem immer weiter in die Wüste hineingefressen hat.

Im Bann des Baubooms

Ein bisschen – so hatte ich irgendwann den Eindruck – ist es wie bei einem Abhängigen, der einfach nicht mehr aufhören kann. Größer, höher, teurer. Nach dem erfolgreichen Versuch, mit dem Burj al-Arab das weltweite Interesse auf Dubai zu lenken, kopierten die Verantwort-

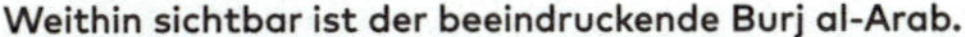

Weithin sichtbar ist der beeindruckende Burj al-Arab.

lichen in Dubai offenbar das Konzept, durch atemberaubende Bauprojekte von sich reden zu machen, einfach immer und immer wieder. Und es funktioniert bis heute. Ein künstlicher Archipel (The World), eine Oper, der größte Flughafen der Welt, Skifahren in der Wüste, ein Hochhaus mit einem Loch in der Mitte und eines, das sich um die eigene Achse zu drehen scheint. Nichts schien verrückt genug, als dass es nicht in Dubai Realität werden würde – und als dass nicht weltweit darüber berichtet würde. So entstand in der arabischen Wüste das heutige Glitzeremirat.

Die Skyline ist beeindruckend

Dubai zählt zu den Orten mit der höchsten Dichte an Wolkenkratzern, und es belegt Platz 8 auf der Liste der Städte mit den meisten Wolkenkratzern – nach Shanghai, aber vor Toronto. Ein Highlight ist der Burj Khalifa, seit 2018 das höchste Gebäude der Welt. Schon auf dem Weg zum Burj kann man dieses gigantische Gebäude immer wieder sehen, manchmal hat man von der Ferne einen freien Blick auf die lange, elegante Nadel, je näher man kommt, desto weiter muss man den Kopf in den Nacken legen, wenn das Gebäude zwischen all den anderen Hochhäusern hervorlugt.

Andere Dimensionen: Weitwinkelblick auf den Burj Khalifa und die vielen Schleifen des verschlungenen Highway-Netzes

FACTS & FIGURES: BURJ KHALIFA

- Höhe: 828 Meter bis zur Decke
- Bauzeit: 1325 Tage
- Bewohnte Etagen: 160
- Gesamtfläche: etwa 527 000 Quadratmeter
- Baukosten: ca. 1 Milliarde Euro
- Glasfläche: 130 000 Quadratmeter
- Betonmasse: 330 000 Kubikmeter

Burj Khalifa befindet sich im Herzen des als Downtown bezeichneten Stadtteils von Dubai. Hier kann man einige Highlights der Dubai-Gigantomanie bewundern. Es ist der Versuch, auf dem Reißbrett eine Weltstadt zu erschaffen. Im Zentrum dieses Versuchs: der Burj Khalifa.

Die offizielle Einweihung erfolgte erst 2010. Wenn man von Europa aus nach Dubai fliegt, gibt es zwei Einflugschneisen, die den Airlines bei der meist nächtlichen Landung je nach Windrichtung zugewiesen werden. Die eine führt direkt über den Creek zur Landebahn. Bei der zweiten Route fliegt die Maschine zunächst noch ein Stück über die Wüste der Emirate, macht dann eine enge Kurve und setzt den Anflug über den südlichen Vororten des Emirats fort. Wer beim direkten Anflug auf einem der rechten Fensterplätze sitzt, kann schon, bevor die Küstenlinie auszumachen ist, die feine Nadel des Burj Khalifas am Horizont erkennen. Tagsüber spiegelt sich in ihr das gleißende Sonnenlicht. Nachts wirft das Hochhaus wie ein Leuchtturm ein Licht, das von weither erkennbar ist.

Der Burj ist ein Meisterwerk: 829,80 Meter ist er bis zur Spitze hoch. Nur ganz wenige Menschen haben es bis ganz nach oben geschafft. Denn in den obersten acht Etagen befinden sich elektronische Anlagen. Der Aufzug fährt bis zur Höhe von 638 Metern – bis ganz nach oben geht es nur zu Fuß.

Wenn es windig ist, sollte man zudem keinen empfindlichen Magen haben, dann kann das Gebäude oben nämlich bis zu 1,50 Meter hin- und herschwingen.

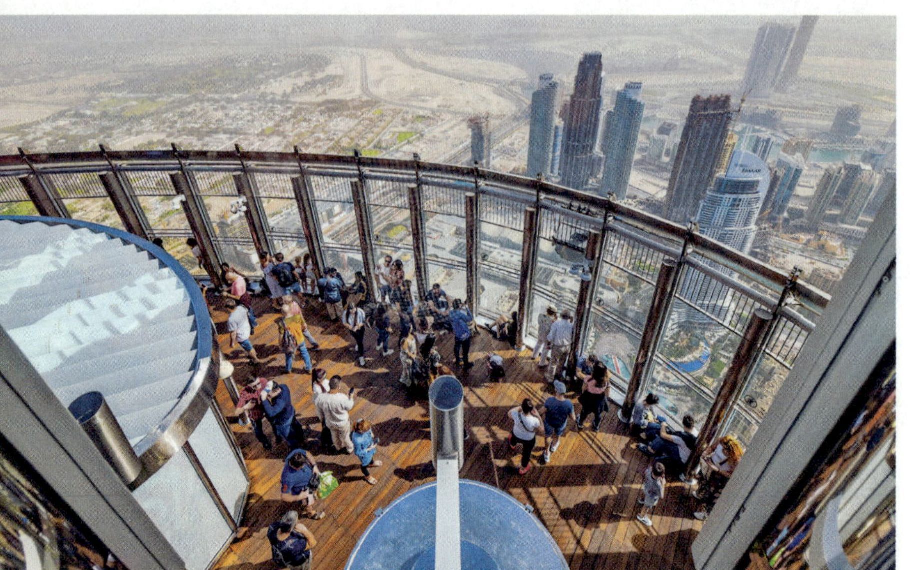

Nichts für schwache Nerven ist der Blick von der 124. Etage des Burj Khalifa.

Die höchste bewohnte Etage liegt wesentlich tiefer, auf 584 Metern Höhe, in der 163. Etage.

Auch die übrigen Eckdaten sind gewaltig: Insgesamt weist der Burj Khalifa eine Fläche von knapp 527 000 Quadratmeter auf, bis zu 12 000 Arbeiter waren beim Bau beschäftigt und kamen auf insgesamt 22 Millionen Arbeitsstunden. 330 000 Kubikmeter Beton wurden benötigt, um den Burj in der Wüste zu errichten. Hunderte Betonpfähle wurden bis zu 70 Meter unter dem Meeresspiegel in den Boden getrieben. Von den 163 genutzten Etagen sind 49 Stockwerke Büroflächen, auf vielen der anderen Etagen befinden sich insgesamt mehr als 1000 Apartments. Außerdem gibt es in dem gigantischen Gebäude private Räumlichkeiten von Muhammed Ali Alabbar, dem CEO von Emaar, dem Bauunternehmen, das den Burj errichtet hat.

So viel zu den Zahlen, die dieses Gebäude beschreiben. Ein Ausflug zur Aussichtsplattform At the Top in der 124. Etage in 452 Metern Höhe – für mich ein Muss, wenn man in Dubai zu Gast ist. Ein Ticket für den Ausflug muss man vorab online kaufen. Zur Plattform selbst gelangt man mit einem der 57 Aufzüge des Burj Khalifa. Alternativ könnte man zu Fuß gehen, denn auch eine Treppe führt hinauf, sogar bis in den 160. Stock. Dann sollte man aber gute Kondition mitbringen, denn man müsste dafür fast 3000 Stufen erklimmen.

Das erste Mal war ich At the Top Ende 2010, gemeinsam mit einer Gruppe Journalisten, die damals aus Deutschland zu Besuch in Dubai waren. Zehn Meter pro Sekunde – also etwa 36 km/h –, so schnell befördert der Lift die Fahrgäste in die Höhe – das sagte mir der Guide, der uns begleitete, als sich die Tür des Aufzugs schloss. Ich erwartete, dass uns die Beschleunigung stark nach unten drücken würde. Umso überraschter war ich, wie leicht der Aufzug in die Höhe schoss und wie schnell wir oben ankamen. Ganze 55 Sekunden hatte das gedauert.

(Fast) über den Wolken

Der Blick: atemberaubend – und natürlich nichts für Menschen, die sich in großer Höhe nicht wohlfühlen. Von hier oben erschien mir die Sicht wegen der feinen Sandpartikel, die über Dubai schweben, wie durch einen leichten Nebel. Durch ihn hindurch konnte ich in schwindelerregender Tiefe die vielen tausend Autos ausmachen, die sich auf den Autobahnen hin- und herbewegen. Menschen, die am See vor dem Burj Khalifa spazierten, konnte ich allenfalls erahnen. Natürlich kann man aus dieser Höhe die gesamte Stadt überblicken, sieht die startenden und landenden Flugzeuge in Deira, die Weite der Wüste auf der einen, die des Meeres auf der anderen Seite. Und beim Blick nach oben wurde mir klar, dass sich die Plattform gerade einmal auf etwas mehr als der Hälfte der Höhe des Wolkenkratzers befindet.

Ich möchte mehr über die Hochhäuser in der Wüste erfahren, mehr über das, was architektonisch möglich ist und was nicht. Ich spreche deshalb mit dem Darmstädter Architekten Martin Geskes, der zwischen 2008 und 2018 in Dubai gelebt und gearbeitet hat.

2003 kam er zum ersten Mal als Tourist nach Dubai. Der Kontakt zur Baubranche sei schnell zustande gekommen, erzählt mir der Partner des Architekturbüros Planquadrat. Wegweisend für sein Büro sei der Auftrag an der Verkehrsader Sheikh Zayed Road gewesen. Dort sollte das Berliner Team ein Gebäude mit 255 Metern Höhe entwerfen, den Maze-Tower. Auf diesen Auftrag folgten immer mehr. Ein Gespräch über hohe Häuser, hohe Kosten und zukunftsweisende Konzepte.

Herr Geskes, was halten Sie von dem städtebaulichen Konzept Dubais?

Dubai ist ja keine Stadt, wie man sie normalerweise kennt. Mit einem Zentrum, um das sich die Stadt ringförmig weiterentwickelt hat. Wenn jemand fragt, wo das Zentrum von Dubai ist, kann man das ja gar nicht so einfach beantworten. Dubai ist letztlich eine Aneinanderreihung von verschiedenen Clustern. Dubai ist außerdem sehr auf den Autoverkehr abgestimmt, weil generell sehr wenig draußen gelaufen wird, wegen der Hitze und der großen Entfernungen. Dadurch, dass Dubai am Meer liegt und sich die Stadt entlang der Küste entwickelt hat, kann man von einem städtebaulichen Konzept der dezentralen Stadtviertel sprechen, die jedes für sich autark funktionieren und über ein breites Straßennetz miteinander verbunden sind. Da der Küstenstreifen nahezu vollständig bebaut ist, entwickelt sich Dubai immer mehr in die Wüste.

Man sieht ja in Dubai die Hochhäuser regelrecht aus dem Boden schießen. Es wirkt, als würde das Bauen in Dubai wesentlich schneller gehen als in Deutschland, oder?

Auch wenn das in der Tat so aussieht – das ist aus meiner Sicht gar nicht der Fall. Dass man dieses Gefühl hat, liegt einfach daran, dass an so vielen Stellen gleichzeitig gebaut wird. Der Genehmigungsprozess für Bauten ist tatsächlich ein sehr umfangreicher und auch mühsamer. Das hängt damit zusammen, dass der Bauantrag in Dubai im Gegensatz zu Deutschland die komplette Ausführungsplanung beinhalten muss. In Deutschland wird der Bauantrag bis zu einem bestimmten Maßstab eingereicht, ohne groß auf Details einzugehen. Das ist in Dubai und den Emiraten insgesamt anders. Da wird das Bauen von baubehördlicher Seite genau überwacht.

Das heißt auch die Innenausstattung?

Ja, auch die. Alle Details muss man vorlegen, und die werden dann entsprechend genehmigt. Und dadurch ist die Baugenehmigungsphase in Dubai länger als bei uns. Sie beginnt mit der ersten Genehmigungsstufe, in der der sogenannte »Masterdeveloper« die Planung genehmigen muss. Dies sind staatliche Unternehmen wie Emaar, Jafza oder Nakheel. Sie haben für ihre jeweiligen zu bebauenden Gebiete eine Art Bebauungsplan entwickelt und prüfen dann als Erstes, ob das Vorhaben diesem Bebauungsplan entspricht.

Wolkenkratzer-Baustelle mit tonnenweise Baumaterial

Das heißt, das prüft zunächst keine staatliche Stelle?

Nakheel zum Beispiel ist zwar halbstaatlich, aber ja, das sind zunächst einmal Unternehmen, keine Behörden. Und wenn das bei Bauvorhaben dort einmal genehmigt ist, geht es erst an die eigentliche Baugenehmigungsbehörde, von denen es in Dubai mehrere gibt, mit jeweils unterschiedlichen Baugesetzen. Das macht es etwas kompliziert und aufwendig. Der Prozess ist definitiv nicht schneller als in Deutschland.

Und das Bauen selbst, geht das schneller?

Nein, ich würde nicht sagen, dass das schneller geht als in Deutschland. Wir bauen gerade ein Wohngebäude in Jebel Ali. Wir schaffen es, etwa drei Etagen im Monat fertigzustellen. In Deutschland würde man eine Etage in der Woche schaffen. Da sind wir hier schneller.

Das finde ich überraschend. Mir fällt da gleich ein, wie in Dubai ein neuer riesiger Flughafenterminal schnell fertiggestellt wurde, während es beim BER ganz anders aussah.

Das ist ein Beispiel, in dem es in Dubai tatsächlich sehr zügig ging. Es gibt aber auch andere. Der Flughafen in Abu Dhabi hatte fünf oder sechs Jahre Verspätung, das Dubai Eye wurde mit mehrjähriger Verspätung fertiggestellt.

Die Wüste ist doch bestimmt auch nicht das einfachste Terrain, um Hochhäuser zu errichten, oder?

Das hat natürlich zunächst große Auswirkungen auf die Fundamentierung. In Dubai benötigt jedes einzelne Gebäude, selbst wenn es nur drei- oder viergeschossig ist, eine Pfahlgründung, damit es nicht im Sand einsinkt. Dafür werden große runde Pfähle in den Boden gebohrt, mit Stahl bewehrt und betoniert. Auf diese Pfahlgründung kommt dann eine starke Betonbodenplatte. Wir haben bei einem Gebäude zwei Tage und Nächte gebraucht, um diese Platte zu betonieren. Das braucht man, um die Stabilität des Gebäudes sicherzustellen.

Das muss man in Deutschland so nicht?

Nein, höchstens wenn Sie in Deutschland auf Heidesand bauen wollen.

Aber wenn man das in Dubai macht, sind die Gebäude sicher?

Grundsätzlich ja, wenn es ordentlich ausgeführt wurde. Vor Kurzem soll in der Dubai Marina bei einem starken Regen ein Gebäude unterspült worden sein. Dann kann ein Gebäude natürlich auch nachgeben und beschädigt werden.

Was muss man noch beachten?

Die hohen Temperaturunterschiede von etwa 20 Grad im Winter bis auf 40 oder 45 Grad im Sommer. Das muss man baukonstruktiv berücksichtigen. Das Gebäude muss Bewegungen zulassen, weil sich die Materialien je nach Temperatur ausdehnen oder zusammenziehen. In der Fassade etwa, wo die Fenster sitzen, müssen entsprechende Fugen gebildet werden. Das ist sehr aufwendig und kostenintensiv. Wobei die Baukosten in Dubai im Vergleich zu Deutschland wesentlich niedriger sind.

Woran liegt das?

Das liegt hauptsächlich an den extrem günstigen Arbeitskräften. Wobei das dann ja auch ungelernte Arbeitskräfte sind. Da verlegen Arbeiter Fliesen, die das noch nie zuvor gemacht haben. Die Materialien sind gar nicht wesentlich günstiger. Zum Teil gibt es Unterschiede in der Qualität. Nicht bei den großen, repräsentativen Hochhäusern, aber bei einfachen Häusern kann man das beobachten.

Ist der Unterhalt der Gebäude in der Wüste aufwendig?

Ja, gerade Sandstürme haben da einen großen Einfluss. Vor allem, weil der feine Sand auch durch kleinste Öffnungen in die Gebäude gelangt, selbst wenn Türen und Fenster geschlossen sind.

Hoch, höher, Dubai. Was sind die Grenzen des Hochhausbaus? Ist mit dem Burj Khalifa das maximal Machbare erreicht?

Nein, das geht noch höher. Das ist eine Frage der Baukonstruktion und der Statik. Man wollte ja bereits in den sogenannten »Lagoons« am Creek in Dubai einen ein Kilometer hohen Turm bauen. Dieser war aber eher als Stahlkonstruktion geplant, die in einigen Bereichen eine Nutzung vorsah, aber eher so etwas wie ein Eiffelturm war.

Was ist das Limit?

Das kann man so pauschal nicht sagen, da gibt es verschiedene Aspekte. Das eine ist die Standsicherheit, die Erreichbarkeit, dann die Sicherheit, sprich Fluchtmöglichkeit aus dem Gebäude, und ein extrem wichtiger Aspekt ist das Wohlbefinden des Menschen. Mir ist es schon so gegangen, dass ich mich bei starken Winden in einem Hochhaus in Dubai nicht wohlgefühlt habe und wieder runter wollte, weil das Gebäude so gewankt hat. Das ist einfach kein schönes Gefühl, auch wenn die Schwingung natürlich nicht bedeutet, dass das Haus jetzt umfällt. Und schließlich macht es ab einem bestimmten Punkt auch wirtschaftlich keinen Sinn mehr, weil es einfach zu teuer wird.

Welche Faszination hat Dubai für Sie als Architekt?

Ich finde es sehr interessant, dass Dubai ein besonderer Schmelztiegel ist, auch was die Architektur und die Arbeit in dem Bereich angeht. Man trifft auf Menschen aus allen Teilen der Welt und aller Nationalitäten. Es gibt viele geschäftliche Möglichkeiten, man kommt also an Aufträge, die man so in Europa vielleicht nicht bekommen würde. Und das Beste: Man kann als Architekt sehr innovativ arbeiten.

Weniger als eine Minute dauert es, bis der Aufzug den Besucher wieder nach unten befördert hat. Wenn es nicht zu heiß ist, kann man anschließend sehr schön um den künstlich angelegten See, den Dubai Lake mit der Dubai Fountain, einem der größten Wasserspiele der Welt, spazieren. 1000 verschiedene Wasserfiguren mit einer Höhe zwischen 21 und 150 Metern können hier bewundert werden. Gezeigt werden die Wasserspiele tagsüber in abgespeckter Variante und abends, wenn sich um den See Tausende Menschen versammeln. Die Gegend ist autofrei und durch ein paar Olivenbäume begrünt.

Ein ungewöhnliches Opernhaus

Neben dem Burj Khalifa liegt die Dubai Opera. Wobei der Begriff Opera ein wenig irreführend ist. Es handelt sich eher um eine Multifunktionshalle, in der auch hin und wieder das russische Staatsballett zu Gast ist. Auch Musicals werden häufig aufgeführt, nicht unüblich ist es auch, dort eine Hochzeit zu feiern. Mehrfach hatte ich Gelegenheit, dort verschiedene Veranstaltungen zu besuchen, die zwar nichts mit Musik zu tun hatten, aber mir ermöglichten, den riesigen Konzertsaal zu betrachten. Der Konzertraum hat gigantische Ausmaße. Wer mit Kindern nach Dubai reist oder etwas Abwechslung sucht, sollte das Programm einmal studieren, vielleicht bietet es sich beim Ausflug zum Burj Khalifa tatsächlich an, noch eine Vorführung in der Opera mitzunehmen.

Die größte Mall der Stadt

Ein paar Schritte weiter erhebt sich ein Konsumtempel gigantischen Ausmaßes: die Dubai Mall. Mit ca. 350 000 Quadratmetern Verkaufsfläche ist sie eine der größten Einkaufspassagen der Welt. Noch ein paar Zahlen, die die Ausmaße verdeutlichen: In der Mall finden sich mehr als 200 Goldgeschäfte, außerdem 120 Restaurants und Cafés, eine beeindruckende, knapp 25 Meter hohe Wasserwand mit kunstvoll gestalteten Figuren, eine riesige Kunsteisbahn, 22 Kinosäle und natürlich das Dubai Aquarium, das sich mit der weltweit größten Acrylglas-Scheibe rühmen kann. Das Hauptbecken ist elf Meter hoch und fasst etwa 10 000 Kubikmeter Wasser. Genau hindurch führt ein zwei Meter hoher, gebogener Tunnel aus 19 Zentimeter dickem Glas. Die Besucher können also durch das Meer schreiten und einen Blick auf die 33 000 Seetiere und Fische im Becken erhaschen. Neben Haien, Rochen und anderen Fischen gibt es hier auch Robben, Pinguine und Krokodile zu bestaunen.

Vom Burj Khalifa kommend, kann man durch die verschiedenen Ebenen der Mall schlendern. Am hinteren Ende in den 1. Stock geht es über eine kleine Brücke rüber ins Hotel The Adress. Auf der Terrasse hinter der Lobby hat man hier beim Kaffee einen sensationellen Blick über den Dubai Lake und auf den Burj Khalifa und kann die allabendlichen Wasserspiele beobachten. Anschließend sehr zu empfehlen: das 99 Sushis, ein japanisches Restaurant, gelegen direkt am See, für das man für einen Abendbesuch allerdings rechtzeitig reservieren muss, vor allem, wenn man einen der begehrten Plätze draußen mit Blick auf den Lake ergattern möchte. Anschließend stürzt man sich wahlweise in den rauschenden Verkehr, der zu Dubai gehört wie Glitzer und Wüste, oder man entscheidet sich für die Metro und steigt später, abseits des Verkehrs, aufs Taxi um.

Die zweite bauliche Attraktion, die man während seines Dubai-Aufenthalts gesehen haben muss, ist der Burj al-Arab. Als ich das erste Mal nach Dubai kam, sah man das strahlend helle Segel des Burj al-Arab schon von Weitem. So viele Hochhäuser wie heute gab es, wie eingangs beschrieben, damals noch lange nicht.

Das Blattgold-geschmückte Foyer und die Rezeption des Hotel Burj al-Arab

FACTS & FIGURES: BURJ AL-ARAB

- Höhe: 312,25 Meter
- (Vergleich: Eiffelturm 324 Meter)
- Bauzeit: 1994–1999, Eröffnung: 1. Dezember 1999
- Verbaute Materialien unter anderem:
  8000 Quadratmeter Blattgold
  13 000 Kubikmeter Carrara-Marmor
  32 000 Kubikmeter italienische Mosaike
- Baukosten (geschätzt): 1,5 Milliarde Euro

Aber auch heute kann man noch einen Blick auf den Burj von der Sheikh Zayed Road erhaschen. Dies gelingt am besten, wenn sich die Straße auf einer Überführung nahe der Mall of The Emirates ein paar Meter über den Boden erhebt und man über die vielen Villen von Jumeirah hinwegschauen kann. Wer früher – vor der Einweihung des Burj Khalifa – von »dem Burj« sprach, meinte damit den Burj al-Arab. Seit 2010 hat sich das geändert. Der Khalifa hat nicht nur mit seinen gigantischen Ausmaßen dem Burj al-Arab den Rang abgelaufen, sondern ihm auch seine Abkürzung »Burj« weggeschnappt.

Ein Wachposten schirmt die Zufahrt auf die künstliche Insel, auf der der Burj al-Arab liegt, von den vielen Touristen ab, die für ein Foto hierherkommen und natürlich auch gerne einen Blick ins Innere werfen möchten. Doch das geht nur, wenn man Hotelgast ist, in einem der Restaurants speisen möchte oder eine Führung gebucht hat. Für die anderen ist am Wachposten Schluss.

Entworfen von Stararchitekt Tom Wright

Damals und heute finde ich, dass das Äußere des Burj al-Arab vielleicht eines der gelungensten architektonischen Werke Dubais und daher für mich bis heute ein Muss während des Aufenthalts ist. Entworfen hat ihn der britische Architekt Tom Wright. Er ist nicht der einzige namhafte Architekt, der Dubai zu seiner spektakulären Skyline verholfen hat. Der dänische Stararchitekt Janus Rostock entwarf das Opernhaus des Emirats, der US-Amerikaner Adrian Smith das höchste Gebäude der Welt, den Burj Khalifa.

Aber zurück zum Burj al-Arab. Er verkörpert für mich schlichte Eleganz, etwas, das man in Dubai sonst nicht so häufig findet. Die klaren Linien, die Anlehnung an die Segelform der Dhows. Eine ästhetische Kreation, die zeitlos faszinierend ist. Maßgeblich geprägt wird das Äußere durch die leuchtend weiße Membran aus Glasfasergewebe, die die Konstruktion zur Landseite hin abschließt. Auch hier sind die Zahlen wieder beeindruckend: Die Membran hat eine Fläche von 14 000 Quadratmetern, ist 200 Meter hoch und gut 50 Meter breit. Am oberen Abschluss ebenfalls auf der Landseite befindet sich der markante Hubschrauberlandeplatz, auf der anderen Seite in etwa 200 Metern Höhe ein Restaurant, das sich quasi schwebend über dem Ozean erhebt.

Das bezog sich auf das Äußere des Burj. Wenn man über die Rolltreppen von der Rezeption in die Lobby gelangt – vorbei an den beiden jeweils drei Meter hohen Aquarien –, wird man von dem goldenen Prunk erschlagen, der sich auch ansonsten in Dubai immer wieder zeigt.

Das heißt: viel Gold – etwa 8000 Quadratmeter Blattgold wurden verbaut – viel Glitzer und gigantische Dimensionen.

In der Lobby fallen die Springbrunnen und Kaskaden auf. Und der Blick nach oben in den gewaltigen Luftraum, der sich über der Lobby erhebt, ist sehr beeindruckend.

Für Besucher nicht zu besichtigen sind die Hotelzimmer, die nicht minder prunkvoll gestaltet sind. Das fängt schon bei der Größe an: zwischen 170 und 780 Quadratmeter sind die 202 Suiten groß, bestehen aus mehreren Zimmern auf verschiedenen Ebenen mit jeweils eigenem Butler. Man kann das alles beeindruckend finden oder auch einfach dekadent.

Besichtigungstour auf kulinarische Art

Eine Möglichkeit, als Nicht-Hotelgast den Burj al-Arab zu besichtigen, ist es, in einem der acht Restaurants zu speisen oder in einer der Bars etwas zu trinken. Da wäre zum einen das al-Mahara, das sich im Untergeschoss befindet und um ein riesiges Aquarium angeordnet ist. Es wirbt damit, dass man mit einer simulierten U-Bootfahrt in das Restaurant gelangt. Dabei handelt es sich allerdings um einen PR-Gag, tatsächlich steht die U-Boot-Kapsel neben dem Empfangstresen, und man kann sich kurz hineinsetzen, woraufhin sich die Kapsel ein bisschen bewegt, damit man anschließend einfach zu seinem Tisch geht. Ziemlich witzlos. Das Essen ist sehr gut und der Blick auf die Unterwasserwelt faszinierend. Wer allerdings aufs Geld achten möchte während seines Dubai-Urlaubs, dürfte sich spätestens bei der Rechnung ein wenig erschrecken.

Ein anderes Restaurant im Burj al-Arab ist das al-Muntaha, das sich wie oben beschrieben in 200 Metern Höhe über dem Meer befindet. Das ist vielleicht die spektakulärere Alternative, wegen des beeindruckenden Blicks, den man von hier oben hat.

Faszinierend ist auch das vollkommen überladene goldene Interieur auf dem Weg aus der Lobby bis ins Restaurant.

Als ich zuletzt dort war, war das Restaurant nur wenig besucht – was vielleicht eine Ausnahme war. Ich kann mich zudem noch daran erinnern, dass recht deutlich das Schwanken des Restaurants wegen der an diesem Abend starken Winde zu spüren war.

Das dritte Highlight einer Gigantomanie-Tour durch Dubai ist die Palm Jumeirah, ein ganzer Stadtteil, künstlich ins Meer gebaut, der aus der Luft betrachtet wie eine stilisierte Palme mit Palmstamm und Palmblättern aussieht. Dass die Eröffnung der Palm im Jahr 2008 für großes Aufsehen gesorgt hatte, lag auch am Timing. Damals sorgte die Finanzkrise nach dem Zusammenbruch von Lehman Brothers und der daraus folgenden Kettenreaktion für eine globale Rezession. In Europa folgte zudem noch eine Schuldenkrise, in deren Zuge Griechenland der Staatsbankrott drohte und auch andere, vor allem südeuropäische Staaten in gefährliche finanzielle Schieflagen gerieten. In den USA stieg die Arbeitslosigkeit, und selbst in den asiatischen Boomländern führte die Finanzkrise zu erheblichen Verwerfungen. Und in dieser Situation

The Palm besteht aus drei Abschnitten, dem Stamm, den Palmwedeln und dem Sichelmond. Letzterer ist ein Schutz gegen Sturmfluten.

gingen Bilder um die Welt, die in Dubai die Eröffnung der Palm mit einem spektakulären Feuerwerk zeigten. Ich lebte zu jener Zeit fest in den Emiraten und kann mich an die vielen E-Mails und Anrufe von Freunden oder Kollegen erinnern, die darüber staunten, dass die ökonomische Katastrophe an Dubai vorbeizuziehen schien.

Bauspekulationen in der Finanzkrise

Der Eindruck trügte. In Dubai schlug die ökonomische Krise nur später durch. Aber dafür umso bedrohlicher. Der Bauboom des Glitzeremirats war auf der Spekulation ständigen Wachstums gegründet. Heißt: Die Finanzierung vieler Vorhaben war ziemlich abenteuerlich. Ein Bauträger kündigte ein Projekt an und, weil viele in Dubai investieren wollten, waren die Wohnungen verkauft, noch bevor der erste Spatenstich getan war. Manchmal wechselten Wohnungen schon vor Baustart mehrfach den Besitzer. Es war der Handel mit Luftwohnungen, die letztlich nur Spekulationsmasse waren. Als dann Immobilien nicht mehr reißenden Absatz fanden, weil die ausländischen Investoren ihr Geld zusammenhielten, geriet das System ins Wanken. Neue Projekte konnten nicht mehr verwirklicht werden. Bereits im Bau befindliche gerieten in

Gefahr, weil die jeweiligen Trägergesellschaften in finanzielle Schieflage gerutscht waren. Letztlich konnte nur eine Finanzspritze des wesentlich rohstoffreicheren und damit von der Finanzkrise weniger betroffenen Nachbaremirats Abu Dhabi das Glitzeremirat Dubai vor der Zahlungsunfähigkeit bewahren. Als »Dank« erhielt das fortan höchste Gebäude der Welt, das ursprünglich »Burj Dubai« heißen sollte, den Namen »Burj Khalifa«, benannt nach der Herrscherdynastie Abu Dhabis.

Zurück zur Palm, die im Krisenjahr 2008 ihre Einweihung feierte und eine Bauleistung darstellte, die für weltweites Aufsehen sorgte. Sieben Jahre dauerten die Bauarbeiten insgesamt an. Um das Projekt inmitten des Persischen Golfes zu verwirklichen, wurden knapp 95 Millionen Kubikmeter Sand und sieben Millionen Steine verbaut. Die Baukosten wurden auch in diesem Fall auf etwa 1,5 Milliarden Dollar geschätzt. Insgesamt beträgt die Fläche der Palm zwar »nur« etwa fünf Quadratkilometer, weil diese sich aber auf schmale Landzungen verteilen, hat die Palm eine Küstenlänge von insgesamt etwa 78,6 Kilometern. Auf der Palm befinden sich Dutzende Hotels, und die zahlreichen Villen und Apartments bieten Platz für etwa 60 000 Bewohner. Es gibt eine eigene Monorail-Bahn, die Fahrgäste vom Festland aus über mehrere Stationen in etwa zwölf Minuten zum Hotel Atlantis an der Spitze der äußeren Mondsichel befördert. Maßgeblich beteiligt an der Umsetzung der Bauarbeiten war übrigens eine Firma aus den Niederlanden, wo man seit Jahrzehnten Erfahrungen in Landgewinnung gesammelt hat. Manch einer bezeichnete die Palm bei der Eröffnung wegen der gigantischen Ausmaße auch als modernes »Weltwunder«.

In der Tat, die Ausmaße sind gewaltig, das merkt man schon, wenn man vom Festland über die überdimensionierte Autobahn auf den Palmenstamm fährt.

Von hier aus hat man einen beeindruckenden Blick auf die Festland-Skyline von Dubai.

Danach fährt man vorbei an den etwas eintönigen, aber sündhaft teuren Apartmentanlagen zu beiden Seiten der Schnellstraße. Von Bekannten habe ich öfters gehört, dass es sich in diesen Gebäuden nicht gerade leise lebt, weil durch die Anordnung der Bauteile zu beiden Seiten der breiten Straße der Autolärm noch verstärkt wird. Danach führt die Schnellstraße schnurstracks in Richtung äußere Mondsichel, wobei das von der Straße aus gar nicht zu erkennen ist. Erst nach dem letzten gewundenen Tunnel kommt man am äußeren Ende der Palm raus, von wo aus man einen Blick auf das offene Meer genießt.

FACTS & FIGURES: PALM JUMEIRAH

- Fläche: 5,72 Quadratkilometer
- Baukosten: schätzungsweise 12 Milliarden Dollar
- Menge an aufgeschüttetem Sand: 120 Kubikmeter
- Menge an verbauten Steinen: 7 Millionen Tonnen
- Küstenlänge: ca. 56 Kilometer

Was sollte man sich also anschauen, auf dieser riesigen menschengemachten Insel? Da fällt mir zuerst der neue Palm Tower mit seinen Aussichtspunkten Aura und The View ein – beide wurden erst Ende 2021 eröffnet. An der Spitze des 52-geschossigen Palm Towers, am Beginn des Palmenstammes, befindet sich der sogenannte »Aura Skypool«, ein Infinity-Pool, von dem aus man einen beeindruckenden Blick über die Palm und die Stadt Dubai hat. Und ein wenig darüber noch die Aussichtsplattform The View. Auch wenn man schon auf dem Burj Khalifa war und dort noch aus einer wesentlich beeindruckenderen Höhe auf die Stadt geschaut hat, so lohnt sich doch der Ausflug hierher, weil man von hier aus die Palmenstruktur besonders gut erkennen kann und die Aussicht quasi von der Seeseite auf Dubai noch einmal ganz neue Perspektiven eröffnet.

Ein weiteres aufsehenerregendes Bauwerk auf der Palm ist außerdem das Hotel Atlantis, das sich an der Außenseite befindet und an das sich eine Mall mit einem riesigen Aquarium anschließt. Das Interieur soll eine Fantasie-Unterwasserwelt imitieren, es ist alles ein wenig überladen und grell, aber dadurch auch schon wieder sehenswert. Wenn man durch die Lobby hinaustritt auf die Außenterrasse, hat man einen wunderbaren Blick über die Lagune, die von der Palm gebildet wird, auf die Skyling Dubais. Das sich in der Mall anschließende Aquarium ist beeindruckend, der mächtige Saal mit den geschwungenen Treppen, die hinunterführen, gewaltig.

Vor allem für Kinder ist es sicherlich faszinierend, in dem riesigen Becken die vielfältigen Tiere zu beobachten.

An der Außenseite der Palm-Sichel gibt es dann noch den sogenannten »Broadwalk«, auf dem man halbkreisförmig die Außenseite der Insel umrunden kann. Die knapp zwölf Kilometer sind für Fußgänger ausgebaut, man kann hier also ausgiebig flanieren – während der heißen Sommermonate ist das sicherlich recht schweißtreibend, aber gerade im Winter trifft man hier auch auf viele Jogger, die vor der faszinierenden Kulisse ihr Programm absolvieren.

Allerdings: Die Außenseite der Palm musste ja zum Schutz vor den Wellen des offenen Meeres so gestaltet sein, dass sie standhält. Daher gibt es hier in weiten Teilen keine Strände, sondern nur Steinbefestigungen. Schön ist das Panorama an den zur Stadtseite hin befindlichen Stellen des Broadwalks.

Flaniermeile der Influencer

Am späten Nachmittag oder am Abend lohnt es sich, sich am The Pointe, einer 2018 eröffneten Flaniermeile an der Spitze des Palmstammes mit Blick auf das Hotel Atlantis, einzufinden. Wie alles in Dubai, ist auch dieses Areal von gigantischen Ausmaßen: 130 000 Quadratmeter groß, die Promenade ca. 1,5 Kilometer lang, tagsüber wie abends meist proppenvoll. Das liegt auch an dem öffentlichen Strand, der sich hier befindet und den Blick freigibt über das Binnenwasser der Palm auf die riesigen Hotelanlagen auf dem Sichelhalbmond – ein Tummelplatz für Influencer aus allen Teilen der Welt. Seit Ende 2020 wartet The Pointe mit einer weiteren Attraktion auf, und zwar der The Palm Fountain. Zwischen 19 Uhr und Mitternacht spielt sich hier alle 30 Minuten ein jeweils dreiminütiges Wasserspektakel ab, bei dem Wasserstrahlen zu den Klängen klassischer, arabischer und moderner Musik bis zu 105 Metern hoch in die Luft schießen. The Palm Fountain hat damit einer ähnlichen Attraktion im Dubai Lake vor dem Burj Khalifa den Rang als größtes Wasserspiel der Welt abgelaufen.

TIPPS

GIGANTEN-HIGHLIGHTS

Burj Khalifa, Burj al-Arab und The Palm sind nur drei Highlights Dubais, das noch einige weitere interessante und architektonisch bemerkenswerte Gebäude bietet. Wer noch Zeit und Lust hat, dem kann ich außerdem empfehlen:

DUBAI INTERNATIONAL FINANCIAL CENTER

Interessant ist auch die Gegend um das Dubai Financial Center, kurz DIFC genannt. Vor allem zwei Gebäude fallen hier auf: einmal das sogenannte »Gate Building«, in dem sich auch der Sitz der Dubai Stock Exchange, der hier ansässigen Börse, befindet. Und in Sichtweite gegenüber die Emirates Towers, auch wenn diese nicht eigentlicher Teil von DIFC sind. Die Gegend lässt sich gut zu Fuß erkunden, weil die verschiedenen Gebäude über ein System von Fußgängerzonen und Tunneln miteinander verbunden sind. So kann man etwa die Gate Avenue entlangspazieren oder aber in der Mall, die sich am Fuße der Emirates Towers befindet. Bekannt ist DIFC auch für seine zahlreichen Galerien, die sich hier befinden.

JBR / MARINA WALK

Am Marina Walk ist abends richtig etwas los. In den zahlreichen Cafés, Restaurants und Bars treffen sich Expats, Touristen und Einheimische bevorzugt nach Sonnenuntergang und genießen im Freien die dann angenehmen Temperaturen. Die eindrucksvolle Kulisse der zahlreichen Hochhäuser und der davor ankernden Jachten zieht natürlich auch zahlreiche Influencer an.

Das gigantische Aquarium im Hotel Atlantis beheimatet über 65 000 Arten von Fischen und Säugetieren.

Marktstände in den Gassen des historischen Viertels al Seef nahe des Dubai Creek

3

Das normale Dubai

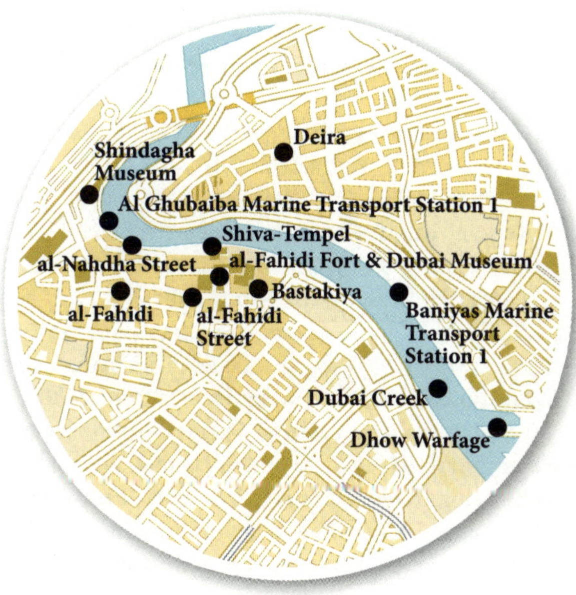

Abenteuer Metro, Straßenleben und Einheimische, die über Kultur und Geschichte erzählen

Die Keimzelle des Emirats: Spaziergang durch die ältesten Stadtteile am Creek

Nach all dem Glitzer und Glamour ist es Zeit für ein Gegenprogramm. Zeit, die andere Seite dieser Stadt einmal kennenzulernen, denn nicht überall ist das Emirat so high-gloss und ultramodern, wie es sich auf den ersten Blick präsentiert.

Dieser Ausflug führt mich nach al-Fahidi am Dubai Creek. Die Gegend war und ist für mich eine der schönsten der Stadt, und zwar nicht, weil sie so besonders spektakulär ist, sondern im Gegenteil, weil Dubai hier »normal« ist. Mit einem echten Straßenleben, Geschäften, Imbissen. Ich wohnte früher, so wie viele westliche Expats, in der Dubai Marina, etwa 30 Kilometer weiter westlich. Ich habe es später bereut, dass ich mir dort und nicht etwa in al-Fahidi oder auf der anderen Seite in »Deira« eine Wohnung gesucht hatte. Weil Dubai hier für mich eine so viel authentischere und besonders liebenswerte Atmosphäre hat.

Auch wenn ich früher gerne an den Creek kam, um in einem der indischen Schnellrestaurants etwas zu essen oder mich ans Ufer zu setzen und die Skyline zu bewundern. Häufig kam ich nicht dazu, denn für jemanden, der in einem ganz anderen Stadtteil wohnte, kam es einem Verkehrsselbstmord gleich, in diese Gegend Dubais zu fahren. Ein zäher Verkehr quälte sich durch die teils engen Straßen, Parkplätze zu finden war wie Lotto spielen. Das machte man nur, wenn man wirklich wollte oder unbedingt musste. Und Alternativen zum stundenlangen Umherfahren mit dem Auto gab es nicht.

Transportalternative Metro

Damals. Das hat sich seitdem aber geändert, seit die Dubai Metro eine echte Transportalternative bietet. Dabei lief der Bau alles andere als glatt. 2006 starteten die Bauarbeiten an dem Projekt. 2009 wurden zehn Stationen der Red Line angefahren – von zu dem Zeitpunkt geplanten 29.

Eine Zeitlang ruhte der Bau komplett, wegen Zahlungsschwierigkeiten. Im April 2010 waren dann schließlich alle 29 Stationen betriebsfähig. Bis 2014 wurden sukzessive weitere Linien und Stationen eröffnet. Vor allem die Kosten explodierten im Laufe der Bauarbeiten – um 80 Prozent auf insgesamt umgerechnet etwa 7,8 Milliarden US-Dollar. In der Anfangszeit kämpfte die Metro zudem mit Akzeptanzproblemen bei den Einwohnern Dubais. Ich kann mich dran erinnern, dass ich in den Anfangsjahren der Metro regelmäßig allein in den langen Zügen saß. Das hat sich seitdem geändert. Die Metro ist ein zuverlässiges Verkehrsstandbein und regelmäßig so voll wie die Nahverkehrsmittel westlicher Metropolen.

Und wer Urlaub in der Stadt macht, sollte zumindest einmal mit der Metro gefahren sein, zum Beispiel eben in die alte Innenstadt.

Wer die S- und U-Bahnen in Berlin, Hamburg oder Köln gewohnt ist, der wird nicht schlecht staunen über die blitzblanken Bahnen und Stationen. Anfangs belächelt und kaum benutzt, hat sich die Metro in-

»Landmarks and milestones«, Orientierungspunkte und Meilensteine der Entwicklungsgeschichte Dubais zeigt ein Raum im Shindagha Museum.

Alle Waggons der Dubai Metro sind mit kostenlosem WLAN ausgestattet.

»Landmarks and milestones«, Orientierungspunkte und Meilensteine der Entwicklungsgeschichte Dubais zeigt ein Raum im Shindagha Museum.

zwischen tatsächlich zu einer intensiv genutzten Alternative zum Auto gemausert – zumindest für die, die in ihrer Reichweite wohnen. Das sollte man auch bedenken, wenn man einen Ausflug plant. Grundsätzlich gilt: Morgens setzt sich eine Karawane aus Arbeitnehmern aus dem Osten der Stadt Richtung Westen in Bewegung, und am Nachmittag ist es genau andersrum. Dann kann es schon mal proppenvoll werden in den Zügen, was gerade während der Corona-Pandemie nicht unbedingt angenehm war.

Für die, die in oder nah der Marina wohnen: Sie können zuerst mit der Tram zur Metro-Station fahren und dann umsteigen. Wer etwa in Jumeirah untergebracht ist, dem würde ich nicht den Bus, sondern ein Taxi zur Station empfehlen. Ist etwas aufwendiger, aber immer noch schneller und preisgünstiger als gleich die ganze Strecke in die Innenstadt mit dem Taxi zurückzulegen.

Metrofahren in Dubai ist für mich immer wieder eine spannende Sache, vor allem wegen der vielen unterschiedlichen Menschen, die hier zusammenkommen. Da sind ganze Klassen von Kindern aus der indischen Schule, die in ihrer eindeutig erkennbaren Schuluniform unterwegs sind. Da sind die Finanzexperten und Banker in ihren Anzügen, die auf dem Weg sind zum Dubai Financial Center. Viele asiatische Arbeitnehmerinnen und Arbeitnehmer. Selbst im Vergleich zu solch superinternationalen Metropolen wie London, New York oder Paris bietet ein Ausflug mit der Metro in Dubai eine bemerkenswerte Vielfalt.

Aus der Dubai Marina kommend bringt die »Red Line« Richtung Rashidiya ihre Fahrgäste in etwa 30 Minuten bis Bur Juman, dort dann umsteigen in die »Green Line« Richtung Etisalat und zwei Stationen fahren bis al-Ghureiba. Beim Verlassen der Station steht man schon so gut wie am Creek, im Gegensatz zu den vielen künstlich angelegten Seen und Wasserarmen weiter draußen, eine natürlich Meereseinbuchtung, um die sich das alte Dubai ursprünglich herum entwickelt hat.

Mehr zur Entstehungsgeschichte Dubais

Erster Stopp ist das Shindagha Museum, das aus verschiedenen Häusern besteht, in denen man unter anderem etwas über die Entstehungsgeschichte der Stadt erfahren kann. Die Häuser sind dem traditionellen Baustil nachempfunden, aber natürlich neueren Datums. Von den Ausstellungen selbst darf man nicht unbedingt Sensationen erwarten. Wir sind in einem Land, das nicht auf die Geschichte etwa Ägyptens oder Europas zurückschauen kann mit einer gewaltigen Auswahl an Artefakten aus Jahrtausenden. Der Landstrich der Emirate war karg und unwirtlich und die Möglichkeiten der kulturellen Entwicklung durch die lebensfeindliche Umgebung begrenzt. Ich finde es aber dennoch wichtig und spannend, sich genau damit auseinanderzusetzen, weil es deutlich macht, wie rasant und beispiellos die Entwicklung dieses Landes in nur wenigen Jahrzehnten vonstatten gegangen ist.

Im Gespräch mit Einheimischen

Das Museum ist noch in anderer Hinsicht einen Besuch wert. Denn nur sehr wenige Touristen kommen tatsächlich hierher. Die Museumsangestellten sind allesamt Emiratis, die sich aufrichtig über Besucher freuen. Besonders über Europäer, die jenseits von Strand und Shopping ein Interesse an der Kultur und Geschichte ihres Landes zeigen. Eine häufige Frage zu Dubai war und ist immer wieder: Wie treffe ich Einheimische? Hier zum Beispiel! Ich war einige Male im Shindagha Museum, jedes Mal kamen emiratische Frauen oder Männer auf mich zu, fragten, ob sie mir etwas zeigen könnten in der Ausstellung, und waren glücklich, einmal mit einem der Touristen ins Gespräch zu kommen. Am Ausgang sitzen immer wieder junge Einheimische und plaudern. Ich war häufig hier, wenn ich Besuch aus Deutschland hatte. Daher kannte ich nach einiger Zeit ein paar der hier arbeitenden Emiratis. Viele arbeiten seit Jahren im Museum und fühlen sich verpflichtet, die Geschichte ihres Landes zu erzählen und weiterzugeben. So wie Waleed. Bei meinem letzten Besuch hat er mir die Geschichte Dubais, das ganz früher natürlich noch nicht so hieß, erläutert. Die Anfänge Dubais liegen nach dem, was wir wissen, in der sogenannten »minoischen Zeit«, als die Mangrovensümpfe, die sich früher hier befanden, austrockneten und bewohnbar wurden. Das war etwa um das Jahr 3000 vor Christus. Zunächst waren es wohl nomadische Viehhirten, dann Ackerbauern, die hier Dattelpalmenplantagen anlegten. Im Verlauf lag die Gegend des heutigen Dubai wirtschaftlich günstig an der Handelsstraße zwischen dem Oman und dem Zweistromland, dem heutigen Irak.

Zum ersten Mal namentlich erwähnt wurde Dubai dann 1095 vom Historiker Abu Abdullah al-Bakri.

Später entwickelte sich dann in Dubai der Handel, die Fischerei spielte eine große Rolle, das Perlentauchen und der Bootsbau. Und auch schon zu jener Zeit war Dubai Anlaufstelle für Reisende, die nach Persien, Indien oder Afrika weiter wollten.

1793 schließlich ließ sich der Stamm der Bani Yas in Abu Dhabi nieder und übernahm von dort aus auch die Macht über Dubai. Zu jener Zeit entstand etwa das al-Fahidi-Fort, das heute noch existiert. Eine Befestigungsmauer um die Stadt wurde errichtet und ein Souk gebaut. Dubai entwickelte sich zu einer »echten« Stadt.

Unabhängigkeit von Abu Dhabi

1833 übernahm Maktoum bin Buti vom Stamm der Bani Yas die Herrschaft über Dubai und erklärte die Stadt für unabhängig von Abu Dhabi. Bis heute regieren die al-Maktoums das Glitzeremirat. Das Herrscherhaus habe früh damit begonnen, den Fokus auf die wirtschaftliche Entwicklung des Emirats zu legen, vor allem durch eine investitionsfreundliche Steuerpolitik, erklärte mir Waleed. Händler aus aller Welt, vor allem aus Indien, kamen nach Dubai und nutzten das Emirat als Drehkreuz. Ein Standbein der Wirtschaft blieb bis in die 1950er-Jahre die Perlentaucherei. Als Kunstperlen den Markt überschwemmten, stürzte Dubai das in eine tiefe Rezession, und die Scheichs mussten sich etwas einfallen lassen. Für das heutige Glitzeremirat war es der Beginn der Moderne.

Zu jeder dieser Stationen finden sich in dem Museum kleine, detailverliebt eingerichtete Räume mit Exponaten, Videos und interaktiven Modellen. Ein aufwendig gedrehter und produzierter Film wird in einem kleinen Kinosaal vorgeführt. Das ist natürlich Dubai-PR pur und sehr unkritisch. Aber die Vergangenheit am Creek wird so gut dargestellt, angereichert mit Originalaufnahmen aus den 1940er- und 1950er-Jahren, die den kurzen Film tatsächlich sehr sehenswert machen.

Shindagha mit seinen sandfarbenen Gebäuden und Windfangtürmen ist eines der ältesten Stadtviertel Dubais.

Frisch gepresste Köstlichkeit Granatapfelsaft

Vom Shindagha Museum geht es dann weiter Richtung Süden, am Creek entlang zu den Abras, den Wasserfähren. Ein schmaler Weg führt vorbei an Restaurants, die sich direkt am Wasser befinden. Die Kellnerinnen und Kellner sprechen etwas forsch jeden an, der vorbeikommt. »Hello Sir, take a seat.« Am besten einfach freundlich lächelnd mit dem Kopf schütteln. Ein paar Meter weiter kommt ein kleiner Platz mit Palmen, vor uns der Creek mit der Abra-Station, hinter uns eine Moschee.

Hier stehen schon die ersten Stände, an denen es allerlei frisch gepresste Säfte gibt, mein Favorit: Granatapfelsaft.

Aber am besten nicht gleich am ersten Stand kaufen, denn der steht direkt neben der Abra-Station und ist daher teurer als die, die etwas weiter entfernt noch folgen. Hier halten Busse und spucken Touristen aus, die in den beginnenden Souk geführt werden. Das ist natürlich eine Touristenfalle, und nur wer wirklich Jalabiyas, Weihrauch und Plüschkamele als Mitbringsel für Friends und Family zu Hause kaufen will, wird hier fündig.

Danach geht es von hier aus nun weiter Richtung Bastakiya. Hier lag tatsächlich ursprünglich so etwas wie die Altstadt Dubais mit traditionellen Windtürmen und Lehmhäusern. Was man dort heute vorfindet, ist leider nur noch ein betonisiertes Imitat der alten Fassade. Hier tummeln sich viele Influencer, die sich vor der auf Fotos traditionell erscheinenden Kulisse ablichten lassen. Ansonsten findet man in dem Komplex nicht viel mehr als Starbucks, Souvenirshops und Parkgaragen, zu denen Rolltreppen führen. Warum sich trotzdem ein Besuch lohnt, liegt an den schönen Ausblicken von den Wasserpromenaden über den Creek auf Dubai, und dass man hier sozusagen in einer Fußgängerzone ist und einfach mal draußen schlendern kann. Der Autolärm der Stadt ist ganz weit weg. Ein Geheimtipp zum Übernachten – für die, die nicht primär wegen der Strände nach Dubai kommen – ist die XVA Gallery in Bastakiya. Auch wenn dies ebenfalls kein uralter, authentischer Bau ist, so befindet sich hier ein kleineres Boutiquehotel mit einem schönen Innenhof. Sehr zu empfehlen!

Beheimatet in den Räumlichkeiten des al-Fahidi-Fort, des ältesten Gebäudes der Stadt, ist das Dubai Museum ein absolutes Muss für alle, die das alte Dubai kennenlernen möchten. Die Festung wurde 1787 errichtet und diente einst als Herrschersitz und Verteidigungsfestung mit Waffenarsenal und Kerker, bevor sie während der Herrschaft von Scheich Rashid bin Said Al Maktoum renoviert wurde.

Aufstieg zu einer globalen Metropole

1971 – im Gründungsjahr der Vereinigten Arabischen Emirate – wurde die Festung als »Dubai Museo« wieder eröffnet. Die Ausstellung zeigt die Geschichte und das ursprüngliche Erbe der Stadt und bietet einen Einblick in den Lebensalltag vor der Entdeckung des Öls – ab Ende der 1960er-Jahre fing Dubai an, Öl zu exportieren. Die schnell wachsenden Einnahmen machten den Aufstieg des Emirats zu einer globalen Metropole erst möglich, auch wenn das Öl heute wirtschaftlich nur noch eine untergeordnete Rolle spielt. In den Galerien werden historische arabische Häuser, Moscheen, Souks, Dattelfarmen und Wüsten – sowie Meerestiere gezeigt.

Auch die umfassende Geschichte des Perlentauchens in dieser Region kann man hier kennenlernen – die Perlen waren vor der Entdeckung des

HÄTTEN SIE'S GEWUSST

Perlentauchen

Perlen – sie waren die Quelle bescheidenen Wohlstands für die Menschen am Persischen Golf, bevor das Erdöl die Region reich machte. Perlen bilden sich in Muscheln, wenn ein Fremdkörper wie etwa ein Sandkorn in das Innere des Mantels oder zwischen Muschelschale und Mantel eingedrungen ist. Wie wertvoll eine Perle ist, wird bemessen nach Größe und Farbe. Die besten und teuersten Perlen, die sogenannte »G1-Stufe«, sind groß und rosa.

Etwa 400 Perlentaucher-Boote soll es früher, Ende des 19./Anfang des 20. Jahrhunderts, in Dubai gegeben haben, mit denen die Männer meist drei Monate am Stück auf dem Meer waren. Das Perlentauchen bedeutete für die, die hinab auf den Grund des Meeres schwammen, ständige Lebensgefahr. Vor der Küste Dubais, wo man Perlen finden konnte, musste man bis in eine Tiefe von etwa 20 Metern tauchen und bis zu 5 Minuten ohne Luft auskommen – ohne Hilfsmittel. Gute Perlentaucher schafften bis zu 300 Tauchgänge am Tag! Der permanente Druckunterschied war für den Körper eine extreme Belastung. Hinab ging es, indem sich die Männer Gewichte an die Füße hängten, hinauf gelangten sie mithilfe von Seilen, an denen sie emporgezogen wurden. Immer wieder starben Männer bei den gefährlichen Tauchgängen, bei denen sie zudem bisweilen auf gefährliche Seetiere wie Haie trafen.

Kehrten die Männer nach Monaten auf See zurück, wurden die Perlen entweder vor Ort poliert oder nach Mumbai gebracht – das zum Ende des 19. Jahrhunderts der größte Perlenumschlagplatz der Welt war – und dort aufbereitet. Von Mumbai aus gelangten die Dubaier Perlen in weite Teile der Welt – zum Beispiel nach Italien, Indien und sogar nach Südostasien.

Öls ökonomisch für Dubai und die gesamte Region wichtig. So werden nicht nur echte Gewichte und Waagen ausgestellt, die zur damaligen Zeit Verwendung fanden, sondern sogar Artefakte, die aus dem 3. Jahrtausend vor Christus stammen.

Ein einziger Schrein für viele Hindus

Wenn man ohnehin gerade hier ist, lohnt es sich, ein paar Schritte weiterzugehen und einen kurzen Abstecher zum Shiva-Tempel zu machen. Wobei das Wort Tempel etwas zu hohe Erwartungen weckt. Es handelt sich eher um eine Art hinduistischen Gebetsraum, der gerade einmal Platz für etwa 15 Personen bietet. 1958 genehmigte der damalige Herrscher von Dubai die Einrichtung eines solchen hinduistischen Schreins – bis heute der einzige in den VAE, was beachtlich ist, angesichts der großen Zahl an Hindus, die im Land leben. Der reich geschmückte Gebetsraum befindet sich im Obergeschoss einer Einkaufszeile am Bur Dubai Old Souk. Man muss sich durchfragen, weil es keine Beschilderung zum Tempel gibt – was auf Englisch überall in Dubai problemlos funktioniert. 2022 – so der Plan – soll zusätzlich ein neuer, großer hinduistischer Tempel in Jebel Ali, ganz im Westen des Emirats, eröffnet werden.

Abseits der Touristenpfade

Wenn man hinter dem Tempel der Hauptstraße folgt, lernt man dann eine ganz andere, spannende Seite Dubais kennen. Geschäftsstraßen, in denen es alles zu kaufen gibt – aber eben nicht nur gemacht für Touristen, sondern vor allem für die vielen Menschen aus Südasien, die in Dubai leben. Indische, nepalesische und pakistanische Cafés und Schnellimbisse wechseln sich hier ab. Juweliere, Gewürzhändler. Und anders als im Touristensouk kann man sich hier unbehelligt alles in Ruhe anschauen, keiner versucht einem auf Schritt und Tritt Plüschkamele anzudrehen. Hier lohnt es sich, einfach mal zu schlendern – entweder eine der Hauptstraßen entlang oder durch die kleinen verwinkelten Fußgängerwege, in denen es immer etwas Neues zu entdecken gibt. In diesem Teil der Stadt bekommt man einen Eindruck davon, wie die vor allem arbeitenden Menschen aus Südasien in Dubai wohnen:

nämlich in sehr einfachen, beengten Betonbauten, deren kleine Balkone überquellen mit Wäsche, Gottesbildern und Blumenkästen.

Al-Fahidi ist kein riesiger Stadtteil, sondern eine klar umrissene kleine Gegend an der Landzunge des alten Dubais. Von daher muss man keine Angst haben, dass man sich verirrt. Und je nachdem, wie viel man noch zusätzlich erleben und erkunden will, gibt es verschiedene Möglichkeiten. Sehen kann man auch eine ganz andere Seite Dubais: Armut! Es ist keine Armut, wie ich sie in Indien oder Äthiopien gesehen habe, wo unterernährte Menschen auf der Straße sitzen und um Essen betteln. Es ist eine relative Armut. Relativ im Vergleich zu all dem Luxus und Reichtum, der in dieser Stadt zu finden ist.

Wenn man durch die al-Fahidi-Straße bis zur al-Nahdha-Straße geht, kommt man wieder nahe des Shindagha Museums beim zentralen Busbahnhof heraus und ist also im Grunde wieder da, wo der Spaziergang begonnen hat. Wer genug gesehen hat, kann hier einfach wieder in die Metro steigen und den Rückweg antreten. Ansonsten kann man hier auch an einer der Anlegestellen mit der Abra auf die andere Seite des Creek übersetzen. Ich bin häufiger mit der Heritage Abra von Ghureiba (Al Ghubaiba Marine Transport Station 1) zur Baniyas Marine Transport Station 1 gefahren. Auf der Deira-Seite angekommen, kann man noch etwas am Ufer entlang in Richtung Dhow-Werften gehen. Dort ankern zahlreiche der traditionellen Schiffe, die ein bis drei Masten haben, an denen die auffällig großen Segel aufgezogen werden.

Früher hat man die Planken nur mit Kokosfasern verschnürt, inzwischen werden beim modernen Bau aber meistens Nägel verwendet.

Die Dhow-Boote sind bis heute tatsächlich nicht nur Kulisse oder Tradition aus Liebhaberei, sondern wirklich als Lastentransporter im Einsatz. Sie bilden in der Dhow Wharfage eine bunte Ansammlung von Schiffen unterschiedlicher Größe. Eigentlich ein tolles Motiv, das aber leider nur als Fotokulisse lohnt, da die meisten Dhows hinter der Zollgrenze liegen und man gar nicht bis zu den Booten gelangt.

Gleich hier befindet sich auch das Sheraton Hotel – mein Tipp für einen Ausklang am Abend nach dem Ausflug. Das Hotel zählt zwar zu den älteren Dubais und ist an sich nicht besonders schön, aber sehr zu empfehlen ist ein Abendessen im italienischen Hotelrestaurant Vivaldi. Von hier aus hat man beim Essen einen der schönsten Blicke über den Creek (draußen sitzen!).

Was und wo?

Shindagha Museum

Schön gestaltete Ausstellung in traditioneller Umgebung. Man erfährt viel über die Geschichte Dubais, gezeigt werden historische Exponate, Filme und multimediale Installationen.

- Dubai Creek, im Heritage Village am Dubai Creek, www.alshindagha.dubaiculture.gov.ae

Al-Fahidi-Fort

Die alte Festung wurde 1971 als Dubai Museum wiedereröffnet und zeigt die Geschichte und die Ursprünge der Stadt bis zur Entdeckung des Öls.

- Al Fahidi Street, Bur Dubai, gegenüber der Zentralmoschee, www.dubaiculture.gov.ae

Shiva-Tempel

Reich geschmückter Gebetsraum – der erste seiner Art in den VAE. Hierher kommen Inder, um zu beten, aber inzwischen auch viele Touristen, die beim Besuch von Bastakiya und der Gegend am Creek einen Abstecher machen.

- Bei der Zentralmoschee

Goldsouk

Auf der anderen Seite des Creeks gelegen, im Stadtteil Deira, gehört der Goldsouk (mit dem Gewürzsouk und dem Textilsouk) zu den am häufigsten von Touristen besuchten Orten Dubais. Das kann es

Mit Waleed vor dem Shindagha Museum

HÄTTEN SIE'S GEWUSST

Schmuck aus 1001 Nacht

Egal, ob im Goldsouk, ob beim Blick in Juweliergeschäfte in einer Mall oder einfach beim Anblick der arabischen Frauen in Dubai, schnell wird klar: Schmuck spielt hier eine andere Rolle als zumeist in Deutschland. Ohne goldene Uhr, Ringe oder auffällige Ketten gehen nur wenige Frauen vor die Tür. Der Goldschmuck, den man hier sieht, ist häufig alles andere als dezent und wirkt schon von Farbe und Gewicht ganz anders, als man es aus Deutschland kennt. Denn nur selten wird hier Schmuck mit einer Feinheit unter 75 Prozent bei 18 bis 24 Karat Gold hergestellt – in Deutschland sind 8 bis 10 Karat üblich. Gold oder Goldschmuck als Geschenk ist bis heute in der arabischen Welt weitverbreitet.

Die Braut trägt bei einer Hochzeit nicht nur Diademe und opulente Geschmeide, sondern sie wird auch mit Gold beschenkt. Ebenso gibt es häufig Gold bei Geburten. Die Gold-Faszination der Menschen der Region erklärt sich auch aus dem Umstand, dass Gold als sichere Wertanlage – sicherer etwa als Bargeld – gilt. Gleichzeitig aber auch aus einem Rollenbild, das in der Region noch immer vorherrschend ist, nach dem Frauen vor allem hübsch und repräsentativ sein sollen. Und natürlich aus dem Umstand, mit viel Schmuck eine gehobene soziale und gesellschaftliche Stellung zu zeigen. Eine Kollegin von al-Arabiya jedenfalls war nach einer Konferenz in Deutschland ganz irritiert und fragte mich, warum Frauen in Deutschland so wenig Schmuck tragen. Wir haben lange über kulturelle Verschiedenheiten gesprochen.

auch etwas anstrengend machen, denn an manchen Tagen spucken die Busse Heerscharen an Touristen im Minutentakt aus, die sich dann durch die Gänge drängeln. Fast 400 Geschäfte zeigen hier ihre Goldkunst. Vieles entspricht nicht unbedingt dem europäischen Geschmack. Gelbgoldene riesige Diademe und opulente Geschmeide – nur wenige Frauen hierzulande wüssten wohl, zu welchem Anlass sie das tragen sollten. Ungewohnt und sehenswert!

- Gold Corner Building, Deira

TIPPS

ESSEN & TRINKEN

Arabian Tea House Restaurant & Café

Natürlich kein »echtes« altes Teehaus, sondern ein auf alt gemachter Neubau, der aber trotzdem sehr charmant daherkommt. Das Gebäude ist nett gelegen, und außen gibt es schöne Sitzplätze, von denen aus man dem regen Straßenleben zuschauen kann. Traditionelle arabische Speisen, insbesondere Mezze.

- Bastakiya gegenüber Musalla Post Office, al-Fahidi Street, Bur Dubai, al-Fahidi, www.arabianteahouse.com

Mumtaz Mahal

Eines der vielen, vielen indischen Restaurants in dem Viertel. Klein, aber fein mit echter indischer Küche und etwas kitschig – übertrieben wirkendem Interieur. Hier ist man als westlicher Tourist meistens alleine unter indischen Besuchern – was ja ein gutes Zeichen ist für eine authentische Küche.

- Arabian Courtyard Hotel and Spa Opp. Dubai Museum – Al Fahidi Street, www.arabiancourtyard.com

Fisherman's Hub

Ein echter Kult-Ort Dubais im Stile einer britischen Sportsbar. Hier kommt man nicht unbedingt her, weil das Essen so außergewöhnlich gut wäre, sondern weil der Ort eine ganz eigene Atmosphäre versprüht: auf den Bildschirmen laufen Live-Cricket- und Fußballspiele, und es gibt Bier vom Fass. Irgendwas zwischen Erinnerungen ans alte Empire und Multikulti in der selbst erklärten »City of the Future«. Originell!

- Meena Bazar Bur Dubai

gegenüber Dubai Museum, www.fishermans-hub.com

ÜBERNACHTEN

Sheraton Hotel

Wie schon beschrieben, ist das Vivaldi ein gutes Restaurant mit fantastischem Blick über den Creek. Abends nach dem Schlendern durch die Viertel am Creek sehr empfehlenswert.

- Baniyas Road, Port Saeed, Riggat Al Buteen, www.marriott.com

XVA Gallery Bastakiya

Kleines, schönes Boutique-Hotel in traditionellem Stil. Für die, die keine gigantischen, glitzernden Prunkbauten mit riesigen Pools suchen.

- Al Fahidi Neighborhood, 312th Road, www.xvagallery.com

Al Seef Heritage by Hilton

Kleines Hotel mit wunderbarem Blick über das Wasser auf die Skyline von Deira.

- Dubai Creek, Al Seef Street, Umm Hurair 1, www.hilton.com

Queen Elizabeth II

Der legendäre Luxusliner ankert inzwischen dauerhaft vor al-Fahidi in Dubai und wurde zu einem Hotel umfunktioniert. Zu vergleichsweise günstigen Preisen kann man hier in der Zeit zurückreisen und etwas vom Glanz und Pracht des alten Empire erleben – auch wenn sich das Schiff keinen Zentimeter mehr von der Stelle bewegt.

- Port Rashid, www.qe2.com

SEHENSWERT

St. Mary's Catholic Church

Wer an einem Sonntag die Gegend besucht, für den lohnt sich ein Abstecher zum Gottesdienst in der St. Mary's Church. Der heutige

HÄTTEN SIE'S GEWUSST

Der Stapellauf der »Queen Elizabeth II« war am 20. September 1967. Das Schiff galt als Aushängeschild der britischen Reederei Cunard und wurde vor allem auf Transatlantikrouten eingesetzt. 1995 überstand der Luxusliner das Zusammentreffen mit einer sogenannten »Monsterwelle« und wurde ab 2004 nunmehr weltweit als Kreuzfahrtschiff eingesetzt. Seit 2008 liegt das Schiff vor Dubai am Außenpier des Port Rashid vor Anker und dient als schwimmendes Hotel.

Entspannte Pause im Arabian Tea House in Bastakiya

Traditionell gekleidete Emiratinnen beim Shoppen in der Dubai Mall

4

Malls: Im Rausch des Konsums

Shopping rund um die Uhr, beeindruckende Aquarien, ein Hauch von Italien und Indoor-Skihänge

Konsumtempel und soziale Räume jenseits der Hitze

Ob klein, mittel, groß oder gigantisch – Malls prägen Dubais Stadtbild. Hier werden alle (Shopping-)Wünsche wahr.

Es war 2010, als ich als Journalist bei der Eröffnung eines neuen Teils der Wafi Mall dabei war. Es handelt sich um eine riesige Pyramide aus Glas und Beton, vor der eine Art römischer Tempel steht. Es war wie immer draußen heiß und drinnen eisig kalt, es gab ein Büfett mit klebrigen Süßigkeiten, Nescafé und zahlreiche Ansprachen. Unter anderem sprach ein Vertreter des Dubai Government. Der ältere Herr trat in seiner Kandura, dem weißen Ganzkörpergewand, nach vorn an das Mikro und lobte die Weisheit des »Rulers«, des Herrschers von Dubai. Seine wichtigste Botschaft: »Schaut her! Die Ägypter haben Pyramiden! Und jetzt haben auch wir eine Pyramide! Aber unsere ist neu!«

Einkaufen und Konsumieren – für viele der nach Dubai kommenden Touristen ist das ebenso wichtig wie für die hier lebenden Residents und Einheimischen.

Shopping als Statussymbol.

Wer was auf sich hält, Geld hat und das auch zeigen möchte, lässt sich vom Fahrer in der Limousine vorfahren, hat vielleicht auch eine Assistentin dabei, die in den Geschäften die Gespräche mit den Verkäufern führt. Und anschließend geht es mit so vielen Taschen, wie man nur tragen kann, zurück Richtung Limousine. Man muss natürlich aufpassen mit pauschalen Zuschreibungen, aber es gibt nach dem, was man beobachten kann, eine recht klare Tendenz, dass derlei Auftritte bei einheimischen Frauen und Touristinnen aus Russland wesentlich ausgeprägter sind als etwa bei Deutschen oder allgemein westeuropäischen Dubai-Besuchern und -Besucherinnen. Von daher sorgten die etwas protzigen Auftritte mancher Shopping-Besucherin bei manch

Blick in die Mercato Mall

einem Gast aus Deutschland, den ich in Dubai herumführen durfte, zu einigem Erstaunen, da es so gar nicht unseren Vorstellungen auch von Nachhaltigkeit und Konsumverhalten entspricht. Aber: andere Länder, andere Sitten. Und in Dubai treffen sie alle aufeinander.

Was wäre Dubai ohne seine Malls?

Ähnlich wie die überdimensionierten Hotels sind die Malls aber auch einfach soziale Räume, die es unter freiem Himmel wegen der oft extrem heißen Temperaturen nicht gibt. Sie sind also nicht nur Touristenfang oder Größenwahn, sondern auch Habitat für Einheimische oder Geschäftsleute, die hier ebenso selbstverständlich flanieren oder in einem Café sitzen wie die Touristen. Die Öffnungszeiten sind dem Lebensrhythmus vor Ort angepasst, das heißt vor allem: Geshoppt wird bis spät in die Nacht, wenn die Malls häufig brechend voll sind. Bei den Geschäften ist alles dabei: große internationale Ketten, Supermärkte, Edelmarken, kleine Boutiquen und Läden mit Spezialitäten und Produkten der Region.

Die Zahl der Malls ist riesig und wächst ständig. Es gibt kleine, mittlere, große und gigantische Malls. Allen voran etwa die Dubai Mall oder

Ägyptische Skulpturen am Eingang der Wafi Mall

auch die Mall of the Emirates. Man muss sie nicht lieben, die gewaltigen Konsumtempel, aber auch sie gehören zu Dubai wie Burj und Wüste und sind auf ihre Weise interessant. Dazu gehören:

Wafi Mall

Die Wafi Mall ist eine der älteren Malls Dubais und befindet sich recht zentral in der Nähe des Creek im Stadtteil Oudh Meta. Später wurde die Mall um das Luxushotel Raffles ergänzt und generalüberholt. Das Interieur ist in einem pseudo-ägyptischen Stil gehalten mit wuchtigen Säulen und verkitschten ägyptischen Elementen wie Pharaonenköpfen aus Beton. Zu empfehlen ist das japanische Restaurant, das sich im oberen Teil der Pyramide des Raffles Hotels befindet. Die Küche ist hervorragend und der Blick über Dubai gerade am Abend wunderbar, zumal man hier auch draußen sitzen kann und die Skyline nicht wie so häufig in Restaurants nur durch Glasscheiben bewundern kann.

Ibn Battuta Mall

Ein weiterer großer Komplex ist die Ibn Battuta Mall etwas westlich der Dubai Marina auf der anderen Seite der Sheikh Zayed Road. 2005 eröffnet, beeindruckt die Mall mit einer Verkaufsfläche von 250 000 Quadratmetern, die im Stile verschiedener geografisch-kultureller Regionen gestaltet sind. Der Hintergrund: Ibn Battuta war einer der berühmtesten arabischen Entdecker und in weiten Teilen der damals bekannten Welt unterwegs. Dementsprechend hat man sechs Länder herausgegriffen, in denen Ibn Battuta gereist war: Al-Andalus (im Westen Andalusien genannt), Tunesien, Ägypten, China, Indien und Persien. Auf Infoschildern werden Hintergründe zum Leben Ibn Battutas geliefert.

Mercato Mall

Eine schöne Mall aus meiner Sicht, die sich in Strandnähe im Stadtteil Jumeirah befindet. Es handelt sich mit nicht einmal 60 000 Quadratmetern Verkaufsfläche um eine kleine Mall, die – der Name lässt es vermuten – sich eine italienische Anmutung geben möchte. Dass das in diesem Fall sehr viel besser gelungen ist als bei der Wafi Mall oder der Ibn Battuta Mall, liegt vor allem daran, dass die italienischen Anlehnungen so zurückhaltend sind, dass sie als solche gar nicht auffallen

Wohnhäuser am Wasser - im Vordergrund fährt ein altes Segelschiff, das sogenannte »Dhow«.

würden, wenn man nicht drauf achtet. In erster Linie präsentiert sich die Mercato Mall als heller, offener Raum in einer Umgebung, die ohnehin gewachsener wirkt als viele andere Bereiche Dubais. Sie ist auch mehr an den Bedürfnissen der in Dubai lebenden Menschen und weniger an Touristen ausgerichtet. Und sie bietet eine angenehme Abwechslung, wenn man in Jumeirah gerade am Strand war und bei einem Kaffee in der großen Mall-Lobby ein wenig abkühlen möchte.

Madinat Jumeirah

Etwas schwer tue ich mich, die Madinat Jumeirah, die sich unweit des Burj al-Arab befindet, zu beurteilen. Letztlich handelt es sich auch bei diesem Touristensouk um eine architektonische Wilderei, bei der eine vermeintlich arabische Altstadt geschaffen wurde, während überall der in großen Mengen verwendete Beton zum Vorschein kommt. Hierher verirren sich weniger Residents – also westlich, in Dubai lebende Ausländer – und Einheimische als in andere Malls, dafür Horden von Touristen aus allen Teilen der Welt. Ein Plüschkamel-Laden reiht sich an den anderen. Gleichzeitig kann man hier abends recht schön in den verschiedenen Restaurants am Wasser sitzen und in manchen ist das

Essen ganz gut – so im marokkanischen Shou fi ma fi. Hier kann man, wenn man sich etwa vorher den Burj al-Arab angesehen hat, den Tag ausklingen lassen.

Was?

Dubai Mall

Das Einkaufszentrum ist bezogen auf die Verkaufsfläche mit 350 000 Quadratmetern eines der größten Einkaufszentren der Welt. Rund 30 Millionen Besucher kommen im Jahr hierher (mehr zur Dubai Mall auf Seite 38 im Kapitel »Wolkenkratzer der Superlative«).

- Financial Center Street, Along Sheikh Zayed Road, www.thedubaimall.com

Mall of the Emirates

Stilvolle Mall mit mehr als 400 Geschäften. Bekannt ist die Mall aber vor allem wegen der angrenzenden Ski-Dubai-Halle. Die Attraktion wurde 2005 eröffnet und bietet auf knapp 23 000 Quadratmetern verschiedene Abfahrtsstrecken und eine Halfpipe. Auch wegen der konstanten Temperaturen unterhalb des Gefrierpunkts ein extremer Gegensatz zum Wüstenklima draußen.

- Sheikh Zayed Road, Al Barsha 1, www.malloftheemirates.com/en

Dubai Marina Mall

Die große, zentrale Mall im Hochhausviertel Dubai Marina. Besonders bekannt für verschiedene Aktionstage und Angebote für Familien und Kinder, insbesondere während der Weihnachtszeit.

- Sheikh Zayed Road, Dubai Marina, www.dubaimarinamall.com

Dubai Festival City Mall

Vor allem abends häufig sehr gut besucht, viele flanieren dann an der zur Mall gehörenden sogenannten »Waterfront«. Hier befindet sich der erste IKEA-Markt der Vereinigten Arabischen Emirate.

- Crescent Drive, Dubai Festival City, www.dubaifestivalcitymall.com

Mall im Atlantis

Kundschaft sind hier vor allem Touristen, weniger Einheimische oder Expats. Beeindruckend ist das Aquarium, das sich eingebettet in die Mall befindet (mehr dazu auf Seite 45 im Kapitel »Wolkenkratzer der Superlative«).

- Atlantis The Palm, Crescent Road, www.atlantis.com

Kandura und *Abaya* – traditionell gekleidetes Paar in den Gassen von al Seef

5

Local Culture: Arabische Traditionen

Hochzeitsgeld vom Staat, Villen hinter hohen Mauern, der kostbare Duft von Adlerholz und Tänze nach dem Essen

Kaffeegenuss in Gold

Alltagsleben im Emirat

Sind wirklich alle Emirati reich? Wie sieht der Alltag einer emiratischen Familie aus? Wie steht es um die Geschlechtertrennung? Einige Einblicke.

»Welcome to Dubai«, sagt der Mann in der *Kandura*, dem traditionellen Männergewand der Arabischen Halbinsel, freundlich und geduldig zu jedem Touristen und Expat in der Schlange, nachts am Flughafen von Dubai. An jedem Schalter sitzt ein auf diese Weise traditionell gekleideter Mann – oder gekleidete Frau –, und für viele Dubai-Reisende ist es nach der Ankunft am modernen Flughafen der Erstkontakt mit einem Einheimischen – und Hinweis, dass unter der modernen Oberfläche noch eine andere Welt existiert.

Familienausflug in die Wüste

Dubai ist ein Schmelztiegel der Kulturen, eine hypermoderne Stadt. Gleichzeitig handelt es sich um ein arabisches Emirat, auch wenn lokale Traditionen inzwischen nicht immer auf den ersten Blick überall erkennbar sind. Bei den Gebäuden schon mal gar nicht. Am ehesten sind es die Menschen und ihre Bekleidung, die Dubai-Reisenden auffallen. Dabei gibt es unter der kosmopolitischen und funkelnden Oberfläche weitaus mehr Traditionen, als der erste Blick erwarten ließe, und die Emirati sind stolz auf ihre Kultur und Gepflogenheiten.

Die Emirati sind eine Minderheit im eigenen Land, nur 15–20 Prozent der Einwohner Dubais sind Einheimische. Viele haben ja die Vorstellung, dass alle Emirati unvorstellbar reich sind und höchstens als Hobby einer Arbeit nachgehen. Das ist so sicherlich ein Klischee – aber es ist zum Teil auch wahr.

Vielzahl staatlicher Zuschüsse

Denn der Staat sorgt über eine Vielzahl von Zuschüssen, Förderungen und Sozialleistungen dafür, dass es seinen Bürgern im weltweiten Vergleich sehr gut geht. Keine Einkommenssteuer (was ja für alle Einwohner der Emirate gilt), kostenlose Gesundheitsversorgung, subventionierte Benzinpreise, ein sehr großzügiges Rentensystem, Bereitstellung von Bauland mit zinslosen Krediten, kostenlose Bildung – selbst wenn man dafür ins Ausland geht.

Wenn ein emiratischer Mann eine emiratische Frau heiratet, gibt es eine Art Hochzeitsgeld, derzeit in Höhe von 70 000 Dirham – ca. 17 000 Euro. Fast 90 Prozent der arbeitenden Emirati sind staatlich Beschäftigte. Schätzungsweise 60 Prozent der Männer sind bei der Armee angestellt. Fünf Prozent des Einkommens zahlen emiratische Staatsbürger in einen Rentenfonds ein – was die Ausgaben des Fonds aber bei Weitem nicht abdeckt, denn es gibt eine Mindestrente von umgerechnet etwa 2500 Euro pro Person.

Gleichzeitig liegt das durchschnittliche Renteneintrittsalter von Frauen bei etwa 45 Jahren, das von Männern bei 55.

Der Unterschied erklärt sich dadurch, dass Frauen nach 15 Jahren im Arbeitsleben Anspruch auf Rente haben, um mehr Zeit mit ihrer Familie verbringen zu können.

Innerhalb der Emirate gibt es bei vielen Einrichtungen – Schulen, Universitäten, Krankenhäusern – erhebliche Unterschiede, denn grundsätzlich genießen die Emirate für sich ein hohes Maß an Selbstständigkeit und verfügen über ihre jeweils eigenen Finanzmittel. Gleichzeitig gibt es daneben einen »Bundeshaushalt«, in den auch sehr viel Geld aus den Öl- und Gaseinnahmen in Abu Dhabi sprudelt.

Seit ein paar Jahren versucht das Emirat allerdings, den Weg weg von der Alimentierung breiter Bevölkerungsschichten hin zu mehr fordern und fördern zu gehen Das heißt: Es wird erwartet, dass junge Menschen einen Beruf erlernen. Sie bekommen dabei Unterstützung, was die Ausbildung im In- und Ausland angeht. Gleichzeitig gibt es einen zunehmenden Wettbewerb untereinander um Jobs und Aufstieg. Ähnlich ist es in Dubai. Anstrengungsloser Reichtum – wie es ihn in der Vergangenheit tatsächlich bei manchen gab – ist inzwischen als Konzept überholt. Und auch wenn es nur sehr wenige Einheimische in Dubai oder Abu Dhabi gibt, die tatsächlich »ärmer« sind (in anderen Emiraten gibt es hingegen durchaus eine einheimische Unterschicht), so haben sich in den vergangenen Jahren doch klar verschiedene gesellschaftliche Schichten herausgebildet.

Kinder als Statussymbol

Die »typische« emiratische Familie lebt in einem eigenen Haus, da – wie erwähnt – es besonders großzügige Finanzierungsmodelle durch den Staat für die Einheimischen gibt. In Dubai ist Umm Suqeim ein bevorzugter Wohnort, wo man hinter den hohen Mauern, die die großen Grundstücke umgeben, die Villen oder palastartigen Gebäude ausmachen kann. Häufig befinden sich innerhalb der Mauern üppige, von Gärtnern gepflegte Anlagen. Kinderreichtum gilt bis heute als wichtiges Statussymbol, so sind die meisten emiratischen Familien sehr groß.

Die Kinder wohnen in der Regel bis zur Eheschließung zu Hause – außer, sie müssen etwa zum Studium ins Ausland.

Arrangierte Hochzeiten sind bis heute eher die Regel als die Ausnahme, wobei die Mütter zum Beispiel bei Frauen-Parties etwaige Schwiegertöchter inspizieren und auswählen. Da ja nach wie vor in der Regel die Geschlechter getrennt voneinander leben – außer, es sind Familienmitglieder –, wird auch getrennt gefeiert. Da fahren vollverschleierte emiratische Frauen in Limousinen vor, und sobald sie unbeobachtet von

Zeichen der Freundschaft: arabische Männer halten sich an den Händen

Männern sind, werfen sie die *Abaya* ab, und darunter kommen die teuersten und gewagtesten Kleider und Kreationen zum Vorschein – was ich weiß, weil eine Freundin, die am Goethe-Institut in Dubai arbeitete, einmal bei einer solchen Party dabei sein durfte und mir davon erzählte. Nochmal: Nicht alle Emiratis sind dekadent reich, aber für die allermeisten sorgt der Staat mit seinen Sozialleistungen für ein auskömmliches bis komfortables Leben.

Dubai ist inzwischen so international und die einheimische Bevölkerung derart in der Minderheit, dass man in manchen Stadtteilen tatsächlich kaum Einheimischen begegnet. Vor allem nicht in den »Gated Communities«, die etwas außerhalb liegen und in denen vor allem westliche und südostasiatische Ausländer leben.

Wo also begegnet man den Einheimischen?

Zunächst natürlich überall dort, wo staatliche Aufgaben zu erledigen sind, etwa bei der Passkontrolle bei der Einreise. Polizisten sind ebenfalls Emirati und – für Touristen natürlich weniger sichtbar – das Personal in allen Behörden. Viele Museen beschäftigen Einheimische, aber auch grundsätzlich Unternehmen, weil es seit ein paar Jahren dort eine Quote an Jobs gibt, die mit Emirati besetzt werden müssen.

Wenn man als Tourist in Kontakt mit Einheimischen kommt – bei der Einreise, im Museum etc. –, sind die Emirati grundsätzlich sehr offen

Business-Lunch in traditioneller *Kandura*

für ein Gespräch und freuen sich in der Regel darüber, wenn jemand Interesse an ihnen, ihrem Land und ihren Aufgaben zeigt.

Wirklich privat Kontakt zu bekommen ist wesentlich schwieriger. Emiratische Familien bleiben sehr unter sich, und die Einheimischen sind – vielleicht gerade weil sie inzwischen eine Minderheit sind – sehr darauf bedacht zusammenzuhalten. Viele fragen sich aber dennoch – oder gerade deswegen: Wie sieht diese andere Welt aus, die sich den Touristen nicht offenbart?

Als Journalist hatte ich häufig die Gelegenheit, an einem traditionellen *Majlis* teilzunehmen. Einmal lud mich ein Mitglied der Herrscherfamilie zum *Majlis* ein, in seinem palastartigen Anwesen in Jumeirah. *Majlis* heißt so viel wie »Zusammensitzen«, was auch stimmt. Man – genauer gesagt Männer – sitzt in einem großen Raum zusammen und spricht über aktuelle und wichtige Themen. So auch an dem Tag, als ich eingeladen war. Ich saß in einer Runde mit »locals«, also einheimischen Emirati, und ein paar wenigen Expats in dem riesigen Empfangssaal des Gastgebers. Schwere goldene Vorhänge waren halb vor die Fenster gezogen, damit es drinnen nicht ganz so hell wird.

Wir saßen in wuchtigen Plüschsesseln. Diener brachten traditionellen Tee und Kaffee.

Ich kann mich noch gut an ein Thema des Tages erinnern: Der Gastgeber berichtete von seiner kürzlichen Reise nach Australien. Er und seine Familie waren für eine Woche nach Brisbane in den Urlaub geflogen. Für solche Zwecke unterhalten die VAE eine eigene Flugzeugflotte, »Amiri flight« genannt. Sie stehen den Herrschenden als Transportmittel zur Verfügung. Mit auf der Australienreise waren zudem ein Kamerateam und ein Regisseur, die den reichen Emirati und seine Familie bei Ausflügen und Unternehmungen begleiten und filmen sollten. Während wir beim *Majlis* miteinander redeten, lief der einstündige Film im Hintergrund, und man sah die Kinder beim Kitesurfen oder bei Bootsausflügen. Und auch wenn die männlichen Familienmitglieder in diesem Urlaub Shorts und Shirts trugen, zu Hause in Dubai tragen sie die *Kandura*, so wie auch bei dieser Zusammenkunft.

Traditionelle Kleidung für Männer und Frauen

Kandura – so wird das traditionelle weiße Männergewand, das bis zum Knöchel reicht, in den Emiraten genannt. Auch wenn die hellen, meist aus Baumwolle gefertigten Langhemden inzwischen in jeder Mall hängen, sind sie für die Einheimischen kein Kitsch, sondern bis heute traditionelle Alltagskleidung. Unter der *Kandura*, die in anderen Teilen der Arabischen Halbinsel auch *Dishdash* genannt wird, tragen die Männer inzwischen westliche Unterwäsche, Unterhemden. Früher war es häufig noch üblich, einen Wickelrock zu tragen. Die *Kandura* besitzt in der Regel keinen Kragen, lange Ärmel und im oberen Teil eine verzierte Knopfleiste. Typisch ist auch eine Quaste, die oftmals parfümiert ist und einen intensiven Duft verströmt. Im Winter tragen die Emirati häufig auch *Kanduras*, die nicht rein weiß sind, sondern pastellfarben oder braun. In anderen Ländern, etwa dem Oman, tragen die Männer auch blau oder grün glänzende Stoffe.

Anhand der Schnitte und der dazugehörigen Kopfbedeckung lässt sich recht klar sagen, woher der jeweilige Träger kommt. In den VAE, Katar, Bahrain, Saudi-Arabien und Kuwait tragen die Männer zur *Kandura* üblicherweise eine *Ghutra*, also ein weißes Kopftuch mit einem schwarzen Band, dem sogenannten *Agal*. Im Oman hingegen ist das nicht üblich, dort wickelt man sich ein häufig bunt gemustertes Tuch um den Kopf, das dann wie ein Turban aussieht.

Frauen waren wie üblich bei dem *Majlis* nicht dabei. Auch, wenn die Gesellschaft in den Emiraten weniger strengen Regeln unterliegt wie etwa in Saudi-Arabien, wo grundsätzlich Geschlechtertrennung herrscht, so ist es gerade bei familiären Anlässen nach wie vor üblich, dass sich Männer und Frauen getrennt treffen. Im öffentlichen Leben ist es hingegen inzwischen sehr viel »entspannter«. Bei offiziellen Anlässen sitzen Männer und Frauen gemischt. Das war, als ich Ende der Neunzigerjahre zum ersten Mal in den VAE war, häufig noch anders.

Praktisches Überkleid der Frauen

Das traditionelle Gewand, das Frauen in den Emiraten tragen, nennt sich *Abaya*. Sie ist in der Regel schwarz und eine Art Überkleid. Nachgefragt, was sie von der *Abaya* halten, antworteten mir emiratische Frauen häufig, dass sie den Überwurf besonders praktisch finden. Mor-

Je mehr volle Tüten, desto erfolgreicher der Shopping-Tag!

gens schnell los, keine Zeit für aufwendiges Styling – mit der *Abaya* fällt das nicht auf. Aber unter der *Abaya* muss sich nicht unbedingt ein Jogginganzug befinden, häufig tragen die einheimischen Frauen vor allem teure Haute Couture. Auf dem Weg zu Feiern, bei denen Frauen unter sich sind, tragen sie über den exquisitesten Kreationen die *Abaya* und legen sie ab, wenn kein Mann sie sehen kann. Dabei ist die *Abaya* kein schwarzer Sack zum Überwerfen, sondern längst selbst modisches Accessoire geworden. Hergestellt aus teuren Stoffen, manchmal mit aufwendigen Stickereien und Ärmelteilen. Das trifft vor allem auch auf das dazugehörige Kopftuch zu, das gerade bei jungen emiratischen Frauen offensichtlich weniger dazu dient, dezent das Antlitz zu verhüllen, als vielmehr den modischen Stil abzurunden. Manchmal sieht man, wie sie das Kopftuch am Hinterkopf auf eine hochgetürmte Frisur setzen. Dabei handelt es sich dann – wie mir einmal eine emiratische Bekannte verriet – um einen künstlichen Haaraufsatz.

Zur Bekleidung muslimischer arabischer Frauen bestehen in der westlichen Welt allerlei Annahmen. Eine ist die, dass die Frauen in vielen Ländern gesetzlich dazu verpflichtet sind, sich zu verhüllen.

Das kommt wahrscheinlich daher, dass sich bei vielen die Eindrücke der islamistischen Taliban-Herrschaft in Afghanistan eingebrannt haben, die in der Tat Frauen die Verschleierung vorschreiben. Tatsächlich aber gibt es eine Vorschrift zum Tragen einer *Abaya* nur im Jemen. Nicht einmal in Saudi-Arabien, wo es ähnlich wie in den VAE der gesellschaftlichen Gepflogenheit entspricht. Das Bedecken des Kopfes und der Haare ist da schon eine ganz andere Angelegenheit – das Tragen eines *Hijhab* ist in vielen Ländern verpflichtend, zum Beispiel im Iran. In den Emiraten kann man hin und wieder auch westliche Frauen sehen, die eine *Abaya* tragen. Dabei handelt es sich in seltenen Fällen um Touristinnen, die das mal ausprobieren wollen. Häufiger sind es Expats, die sich dieser emiratischen Tradition anpassen.

Kostbarer Duft im Oudh-Räuchergefäß

Zurück zum *Majlis*. Wir saßen also in unseren Sesseln in einem riesigen Kreis und unterhielten uns, während im Hintergrund der aufwendig produzierte Urlaubsfilm der Gastgeberfamilie lief. Da fiel mir, wie so häufig in den Emiraten, der schwere süßliche Duft auf, der durch den Raum zog. In der einen Ecke des Raumes stand ein kleines Gefäß, aus dem zarte Rauchschwaden aufstiegen, außerdem bemerkte ich das bei den Emiratis so beliebte *Oudh*-Parfüm.

Die intensiven Düfte gehören zur emiratischen Kultur fest dazu, und Dubai-Reisende steigen sie an vielen Orten – Hotel-Lobbys, Malls oder Restaurants – in die Nase. Häufig handelt es sich dabei entweder um Weihrauch oder um *Oudh*.

Kostbarer Adlerholzduft

In den VAE ist der Duft, der beim Verbrennen des *Oudh*, das auf Deutsch »Adlerholz« genannt wird, traditionell sehr verbreitet. Der Adlerholzbaum wächst nicht auf der Arabischen Halbinsel, sondern ist in Nordost-Indien beheimatet, außerdem in Bangladesch, Bhutan, Kambodscha, Thailand und Vietnam. Es handelt sich um einen bis

HÄTTEN SIE'S GEWUSST?

Weihrauch

Seit der Antike ist Weihrauch eines der wertvollen Handelsgüter der arabischen Welt. Früher kam es vor allem aus der Gegend, die die Römer »Arabia Felix« (»glückliches Arabien«), nannten. Das entspricht in etwa dem heutigen Jemen. Auch heute zählt das Land zu den wichtigsten Produzenten, neben Somalia, Eritrea, Äthiopien, Indien und vor allem dem Oman. In den VAE selbst wird so gut wie kein Weihrauch gewonnen.

Das wertvolle Harz stammt von den seltenen Weihrauchbäumen. Ich war von Dubai aus mehrmals in Salalah, im Süden des Oman, wo sehr viele Weihrauchbäume zu finden sind. Ich begleitete einen einheimischen Bauern, der mir zeigte, wie man das Harz gewinnt. Geerntet wird in der heißesten Jahreszeit. Mit einem Messer ritzte er ein paar tiefe Schnitte in die Rinde des Baumes, aus denen eine zähe Flüssigkeit quoll, die dann hart wurde. Er erläuterte mir, dass die Harztropfen der ersten Ernte zumeist winzig und ganz dunkel, teilweise schwarz, und nur sehr eingeschränkt verwertbar seien. Im Handel könne man für diese kleinen, dunklen Harztropfen nur schlechte Preise erzielen. Bei der letzten Ernte sind die Tropfen dann etwa einen Zentimeter groß und ganz hell. Diese großen Tropfen entwickeln beim Verbrennen den besonders typischen Duft.

Zu diesem unverwechselbaren Duft tragen verschiedene Inhaltsstoffe bei: ätherische Öle, Harze, Proteine und Schleim. 50 bis 80 Prozent der Weihrauchmasse sind reines Harz, das hauptsächlich aus sogenannten »Terpenen« wie Boswelliasäure besteht.

In der arabischen Welt gibt es typische Gefäße, die für das Räuchern von Weihrauch verwendet werden. Sie sind üblicherweise aus Ton und sehen aus wie ein kleiner Turm. Unten ist eine Öffnung, in der man eine Feuerquelle entzünden kann. Darüber ist eine Art kleines Dach, auf das man die Weihrauchteilchen legt, die dann durch das Feuer darunter erhitzt werden und anfangen zu rauchen. Im Oman stehen diese Gefäße an vielen öffentlichen Orten, in den Emiraten sind sie seltener zu sehen, werden aber gerade bei familiären Anlässen verwendet.

zu 40 Meter hohen, immergrünen Laubbaum. Der Adlerholzbaum ist bedroht, der Handel mit dem Holz unterliegt dem Washingtoner Artenschutzabkommen.

Das Holz gehört zu den teuersten der Welt. Ein Kilogramm höchster Qualität kann Preise von bis zu 250 000 Euro erzielen. Zumeist kostet das Kilogramm allerdings um die 1000 Euro, in den Geschäften und in den Malls von Dubai kann man sich in kleinen Schatullen aber auch splittergroße Holzstückchen zeigen lassen, die um die 15 000 Euro pro Kilogramm kosten. Die unterschiedlichen Preise liegen an den vielen verschiedenen Geruchsrichtungen, die entweder bei der Gewinnung der Geruchsessenz entstehen oder beim Verbrennen des Holzes. *Oudh* kann süßlich oder bitter riechen, oder sehr intensiv holzig, fast modrig.

Eine klassische Verwendung des *Oudh* besteht im Verräuchern kleiner Holzstückchen, die sehr stark anfangen zu qualmen. Dann stellen sich Männer in der *Kandura* und Frauen in ihren *Abayas* über den Rauch, um sich auf diese Weise »einzuparfümieren«.

Eine andere Möglichkeit ist die Verwendung des *Oudh*-Destillats als Parfüm. Wenn man die sehr trockenen Holzscheite sieht, ist klar: Man braucht sehr viel Holz, um daraus etwas zu gewinnen.

In der Tat ergibt ein Kilogramm Adlerholz, das ja wie gesagt Tausende Euro kosten kann, gerade mal ein paar Milliliter ätherisches Öl.

Am Ende ist die Preisspanne auch in diesem Fall gewaltig, weil es auf den Preis und die Qualität des Holzes ankommt. Aber ein Liter *Oudh* kostet zwischen 40 000 und 500 000 Euro. Ein Grund, weswegen *Oudh* bis heute bei den Einheimischen als Parfüm – entweder zum Einräuchern oder als Destillat – so beliebt ist: Der Geruch ist auch ohne Verwendung von Alkohol besonders intensiv.

Nach einiger Zeit stand der Gastgeber dieses Mittags-*Majlis* auf. Das Signal, dass nun auch alle anderen Gäste aufstehen sollten, um ihm in den Nachbarsaal zu folgen, wo wir zum Mittagessen platziert wurden. Ich war etwas überrascht, denn ich hatte damit gerechnet, dass wir dort nur einen Teppich vorfinden würden und das Mittagessen ganz traditionell auf dem Boden sitzend zu uns nehmen würden.

Cola in Weingläsern

In diesem Fall befand sich hinter dem Vorhang, den ein Diener zur Seite zog, eine lang gestreckte Tafel mit großen hölzernen Stühlen. Das Geschirr war tadellos arrangiert, inklusive Weingläser. Selbstverständlich wurde kein Alkohol gereicht. In die Weingläser wurde Cola gegossen, stilles Wasser in die einfachen Gläser daneben. Klassische emiratische Küche in westlichem Setting: Für mich ein Indiz, dass die lokalen Traditionen durchlässig für neue Entwicklungen sind.

Was es in Dubai in Hülle und Fülle in hervorragender Qualität gibt, ist alles aus dem Meer. Fische, Meeresfrüchte, Austern. Außerdem Gewürze aus allen Teilen des Orients, die traditionell hier am Golf umgeschlagen werden. So gibt es natürlich die vielen traditionellen Geschäfte in den Souks in Deira und al-Fahidi, in denen zahlreiche Touristen schlendern, in denen aber Emirati oder Hausangestellte wertvolle Gewürzmischungen testen, handeln und feilschen. Außerdem sind die großen Supermarktketten in den Malls hervorragend mit Seafood und

Kräutergerüche und berauschende Düfte erfüllen die Luft des Gewürz-Souk.

Gewürzen ausgestattet. Allein die riesigen Regalreihen mit den in Dubai so beliebten Nussmischungen sind beeindruckend! Was es vor Ort natürlicherweise eigentlich nicht im Übermaß gibt: Obst und Gemüse. Heute werden ständig frische Beeren, Papayas und Mangos, aber auch Kohlrabi oder Gurken eingeflogen, sodass das Angebot auch hier hervorragend ist. Die Umweltbilanz ist allerdings kritisch zu beurteilen. In vielen Geschäften findet man auch Tische mit in den VAE angebautem Obst und Gemüse – die dann leider in der Regel recht klein und weniger üppig aussehen.

Traditionelles emiratisches Essen – was genau ist damit eigentlich gemeint? Die Länder am Persischen Golf befanden sich seit jeher geografisch in der Mitte verschiedener kultureller Räume – Persien, Indien, Ostafrika, Nahost –, deren Einflüsse natürlich auch kulinarisch ihre Spuren hinterlassen haben. Dabei war und ist die Auswahl heimischer Zutaten recht begrenzt durch die karge Umgebung – mit der Ausnahme von Fisch und Meeresfrüchten, die es hier immer schon in großer Fülle gab. Daneben kommen Gewürze aus anderen Teilen des Orients zur Anwendung – sehr beliebt sind zum Beispiel *Zaatar* aus dem Libanon, Curry-Mischungen, Safran und Gewürznelken. Als Beilage wird vor allem Reis gereicht. Die VAE gelten als eines der größten Dattel-Anbaugebiete der Welt, Datteln werden nicht nur überall als Snack angeboten, sondern sind auch ein beliebtes Mitbringsel. Mit dem Zustrom von Einwanderern aus anderen Teilen der arabischen Welt haben auch neue Essgewohnheiten Einzug in die traditionellen Speisepläne der Emirati gehalten.

Da ist zum Beispiel *Manakeesh*, eine Art Pizzateig, der etwa mit Käse und der Gewürzmischung *Zaatar* belegt ist. *Manakeesh* ist vor allem in den Ländern der Levante – Libanon und Syrien – sehr beliebt, hat sich aber inzwischen auch zu einem bevorzugten Frühstücksgericht der Menschen am Golf entwickelt. Etwas traditioneller ist das sogenannte *Khameer*, das zum Frühstück bei vielen nicht fehlen darf. Das ist ein emiratisches Brot, das mit Sesam bestreut ist.

Brot ersetzt das Besteck

Auch bei besagter *Majlis* wurden uns ein paar traditionelle emiratische Vorspeisen – auf Arabisch *Muqabalat* genannt – serviert. Zum Beispiel

Überbordendes Angebot auf dem Fischmarkt

Nakhai, gekochte Kichererbsen, oder *Bajila*, gekochte braune Bohnen. Üblicherweise isst man diese Gerichte nicht mit Messer, Gabel und Löffel, sondern nimmt dazu etwas zusammengefaltetes Brot, auf das man die Kleinigkeiten wie mit einer Schaufel schieben kann.

Bei einem wirklich traditionellen Essen darf ein Gericht meist nicht fehlen. Und zwar *Machboos*. Dabei handelt es sich um eine Reispfanne mit wahlweise Hühnchen, Fisch oder Fleisch. Ebenfalls sehr beliebt ist am gesamten Persischen Golf *Harees*. *Harees* ist ein raffiniert gewürztes Fleischgericht mit Weizen.

Während des Fastenmonats Ramadan ist das sogenannte *Tharid* sehr beliebt, es ist auch ein Fleischgericht mit viel Gemüse, das man allerdings mit Brot isst. Oder *Madrubah*, ebenfalls bestehend aus Reis und Fleisch, dazu werden vor allem Tomaten, Knoblauch, Zwiebeln und viele verschiedene Gewürze gekocht.

Zum Nachtisch wurde uns bei dem *Majlis* das wohl beliebteste und am weitesten verbreitete Dessert der Emirate gereicht: das sogenannte *Luqaimat*. Dabei handelt es sich um kleine frittierte Bällchen aus Butter, Zucker, Mehl, Milch, Kardamom und Safran. Dazu wird häufig Dattelsirup serviert. Ebenfalls in den VAE als Nachtisch beliebt ist *Khabees*, das aus angeröstetem Mehl, Zucker, Safran, Kardamom, Öl und Rosenwasser besteht.

Gerade als ich dachte, die Veranstaltung nähert sich dem Ende, wurden wir hinaus in den Vorhof des palastartigen Hauses gebeten. Dort hatten sich ein paar Männer versammelt und tanzten bereits mit Stöcken in der Hand zu Trommelklängen.

Tanzeinlage nach dem Essen

In den Emiraten und der gesamten Golfregion gibt es eine ganz eigene Tanztradition, die aber nicht so bekannt ist. Auf Arabisch heißen diese Tänze *al-Ayyla* und *al-Razfa*. Es handelt sich um Gruppentänze, die von traditioneller Musik begleitet werden. Die dabei verwendeten Instrumente sind Trommeln, Flöten und eine Art Dudelsack.

Tänze und Gesang sind ein fester Bestandteil der arabischen Gesellschaft.

Bei den Emirati besonders beliebt ist *al-Ayyla*. Dieser Tanz soll eine Kampfszene wiedergeben. Seinen Ursprung, so heißt es, hat er in den Siegestänzen, die nach Stammesschlachten vollführt wurden. Auch, wenn Perlentauchgänge besonders erfolgreich absolviert wurden, soll er getanzt worden sein. Heute wird der Tanz häufig bei Hochzeiten oder anderen großen Familienfesten aufgeführt. Dabei tanzen verschiedene Generationen aus verschiedenen gesellschaftlichen Schichten miteinander, und auch unter der jungen Generation der Emirati erfreuen sich die Tänze nach wie vor großer Beliebtheit. Bei *al-Ayyla* gibt es einen sogenannten »Haupttänzer«, eine Rolle, die sogar vererbt wird.

Al-Ayyla wird von Trommelmusik bestimmt, zu der poetische Verse gesungen werden.

Neben den Trommeln kommen Tamburine und Zimbeln zum Einsatz.

Entsprechend der Kampfsituation stehen sich zwei Reihen von etwa 20 Männern gegenüber, zwischen denen die Musiker positioniert sind. Die Bambusstöcke, die die Männer tragen, sollen Kampfwerkzeuge wie Schwerter oder Speere symbolisieren. Während die Männer singen, bewegen sie ihre Köpfe im Rhythmus der Trommeln oder schwingen die Bambusstöcke. Manchmal werfen sie die symbolischen Kriegswerkzeuge auch in die Luft, um sie dann anschließend wieder einzufangen. Bei *al-Ayyla* handelt es sich nicht, wie man annehmen könnte, um einen reinen Männertanz.

Auch Mädchen und Frauen können mittanzen, sie tragen dann traditionelle Gewänder wie die *Abaya*, allerdings ohne *Hijab*, und werfen die offenen Haare von einer Schulterseite zur anderen. Manche *al-Ayyla*-Tänze dauern eine halbe oder eine ganze Stunde und werden sogar von lokalen TV-Sendern übertragen. Nun hat natürlich nicht jeder, zumal wenn für nur kurze Zeit im Urlaub, die Möglichkeit, an einem echten *Majlis* teilzunehmen. Tatsächlich dauert es auch für diejenigen, die in Dubai leben, einige Zeit, bis sie einmal von Einheimischen nach Hause eingeladen werden – Einladungen werden nur zurückhaltend ausgesprochen.

Verhandlungs-
geschick ist hilf-
reich in den Souks.

6

Expat-Leben in Dubai

Reiseziel für Touristen, Heimatland auf Zeit und Hoffnungsort für Goldgräber

Stylishe Stadt, stylishes Outfit

Leben im (vermeintlichen) Steuerparadies

In Dubai leben viele Expats aus der ganzen Welt – vorübergehend oder dauerhaft. Sie prägen das Bild der Stadt entscheidend mit. Nicht zu vergessen: die immer größer werdende Gruppe der Influencerinnen und Influencer

Beim Frühstück auf dem Balkon meines Apartments im 30. Stockwerk in der Dubai Marina konnte ich jeden Morgen die Sonne aufgehen sehen, während über der Stadt noch ein feiner Dunst lag. Es war morgens immer angenehm mild, und manchmal nutzte ich das, um in der Marina am Wasser zwischen den Hochhaustürmen zu joggen. Mein Tagesrhythmus war ein ganz anderer als in Deutschland, alles fand später statt, was ich sehr angenehm fand. Man startete langsamer, später in den Tag, dafür zogen sich Termine häufig abends lange hin, und manche Treffen fanden mitten in der Nacht statt. Viele westliche Expats waren Mitglied in einem der Clubs – Anlagen mit Swimmingpools, Restaurants und Sporteinrichtungen, die sich häufig schön gelegen in großen Parks befanden. Ich war auch Mitglied in einem solchen Club in den Lakes, wo ich mich am Nachmittag oft mit Freunden traf – bevor ich dann abends noch mal ins Büro fuhr oder zu Veranstaltungen.

Als Ausländer in Dubai, dort leben, wo andere Urlaub machen – Klischee oder Wirklichkeit?

Dubai ist Reiseziel für Touristen aus aller Herren Länder. Aber genauso Heimat auf Zeit für viele. Von knapp 3,5 Millionen Menschen, die offiziell in Dubai leben, sind ca. 85 Prozent Ausländer, so aktuelle Schätzungen. Natürlich sind die wenigsten davon Influencer, sondern vielmehr Gastarbeiter aus Indien, Pakistan oder den Philippinen.

Es ist im Vergleich zu anderen Ländern recht einfach, sich in Dubai niederzulassen. Manche leben hier dauerhaft mit einem Touristenvisum – müssen dann aber alle drei Monate einmal ausreisen, um das Visum zu verlängern. Eine sogenannte »Residency« zu bekommen, also eine Aufenthaltsgenehmigung, ist allerdings auch recht unkompliziert. Das ist etwa möglich über den Erwerb eines Hauses oder einer Wohnung. Oder, indem man einen sogenannten »Sponsor« findet. Das Media Office zum Beispiel »sponsert« Journalisten. Das heißt nicht, dass sie bezahlt werden, sondern Sponsor ist eher als »Bürge« zu verstehen, den man benötigt, um eine Aufenthaltsgenehmigung zu erhalten.

Viele britische Expats

Mit Abstand die größte westliche Expat-Gruppe (Expatriates werden auf Englisch die in einem meist nicht-westlichen Ausland lebenden westlichen Ausländer genannt) sind Briten mit schätzungsweise 100 000 Personen allein in Dubai. Bis zu 20 000 Deutsche sollen inzwischen in dem Emirat leben, außerdem viele Australier und Südafrikaner. Viele arbeiten für Firmen mit Niederlassungen in Dubai oder für einheimische emiratische Unternehmen. Das Glitzeremirat lockt aber auch zahlreiche Goldgräber an, die hierherkommen in der Hoffnung, schnell reich zu werden. So traf ich auf Abenteurer, die es mit verschiedensten Ge-

Frühsport vor besonderer Kulisse – und möglichst vor der Hitze des Tages

Am Dubai Creek, der Lebensader der Stadt

schäftsideen versuchten, zum Beispiel einer Agentur, die vollverschleierte, weibliche Bodyguards für Scheichas vermittelte, dem Vertrieb von Wärmedecken für Kamele oder Gesichtsbehandlungen mit Goldstaub. Viele, wenn nicht die meisten dieser Unternehmungen waren nicht von Erfolg gekrönt.

Auch Menschen aus anderen Ländern der arabischen Welt haben in Dubai eine Heimat gefunden, wenn auch oftmals nur auf Zeit. Warum? Weil Dubai wohlhabenden Menschen, die in einem der instabilen Länder der Region wie Iran, Pakistan oder Libanon leben, erlaubt, sich hier mit Geld einzukaufen. Heißt: Eine Familie kauft ein Haus oder ein Apartment in Dubai und bekommt dafür eine Residency, kann hier in sicherer Umgebung leben, die Kinder zur Schule schicken und trotzdem schnell in die Heimat reisen, wenn es nötig ist. Andere, westliche Länder gestalten das schon schwieriger: In der Regel reist man zuerst mit einem Arbeitsvisum ins Land, arbeitet, zahlt Steuern, um sich dann – nach mehreren Jahren – um die Staatsangehörigkeit zu bemühen.

Viele erfüllen die Kriterien für den klassischen Weg der Einwanderung in den Westen nicht. In Dubai geht das schneller – wobei man die Staatsangehörigkeit nie bekommen wird.

Und so wurde und wird das Bevölkerungswachstum und damit der Bauboom maßgeblich auch angefeuert von Zehntausenden wohlhabenden Menschen aus dem Irak, dem Iran, dem Libanon oder Pakistan, die ihr Land verlassen haben.

Ein weiterer Punkt, der sicherlich nicht auf alle diese Einwanderer zutrifft, aber eben für einige doch nicht ganz unwichtig ist: Dubais Bankgeheimnis und die Tatsache, dass hier nicht nach der Herkunft von Finanzmitteln gefragt wird. Wenn eine reiche irakische Familie mit einigen Hunderttausend Dollar in bar in einer Bank erscheint, wird das Geld in der Regel eingezahlt. Im Westen wäre dies inzwischen undenkbar. Inzwischen gibt es eine ganze Generation junger Araber, deren Familien zwar aus Ägypten, Syrien, dem Irak und anderen Ländern stammen, die selbst dort aber nie gelebt haben. Geboren und aufgewachsen in Dubai, gehen sie hier zur Schule, studieren und arbeiten später hier.

Die Bevölkerung Dubais

Die Bevölkerung Dubais wuchs in manchen Jahren um etwa zehn Prozent – jährlich! Davon zeugt der allgegenwärtige Bauboom. Beim Blick auf die vielen, vielen aus dem Boden gestampften Wohnungen kann man kaum glauben, dass die alle in so kurzer Zeit vermietet und verkauft wurden. In der Tat gab es nach der Finanzkrise einen Einbruch bei den Immobilienpreisen. Aber dennoch: Die meisten Wohnungen hier und in anderen begehrten Gegenden sind nicht mehr zu haben, es wird weiter gebaut. Der Bauboom zieht Arbeitsmigranten an, Menschen in Dienstleistungsberufen, ein sich selbst erhaltender Kreislauf. Darauf hatten die Planer des modernen Dubais sicherlich gesetzt. Dass das aber eine derart rasante Geschwindigkeit aufnehmen würde, hatte vor eini-

Auch Menschen aus anderen Ländern der Welt haben in Dubai eine Heimat gefunden, wenn allerdings oftmals nur auf Zeit.

gen Jahren wohl auch kaum einer der Planer vermutet. Eine Besonderheit ist sicherlich die hohe Fluktuation gerade der westlichen Ausländer in Dubai. Expat-Communities in anderen Ländern bestehen häufig aus Personen, die sich entschieden haben, auf längere Zeit woanders zu leben. In Dubai ist klar: Die allermeisten sind für eine bestimmte Zeit hier, viele nur für ein, zwei Jahre. Der Wechsel und die Durchmischung sind ausgesprochen hoch. Eigentlich kommt hierher kaum jemand, um für immer zu bleiben – anders als in klassischen Auswandererländern wie Australien oder den USA.

Das Leben in Dubai ist ein Leben auf Zeit.

Dass ich fest in Dubai lebte, ist inzwischen ein paar Jahre her. Und eine Expat-Gruppe, die heute im Emirat allgegenwärtig ist, gab es damals noch nicht.

Es ist November 2021, nicht allzu heiß, und es finden sich sogar ein paar kleine Wolken hier und da am Himmel über Dubai. Ich schlendere mit einem Kaffee in der Hand den Marina Walk hinunter, auf der einen Seite der Promenade ragen Hochhäuser empor, auf der anderen befinden sich die Anlegestellen für zahlreiche Jachten. Und alle 50 oder 100 Meter lehnt jeweils eine aufwendig gestylte und geschminkte Frau am Geländer vor den Jachten, lächelt ein zahnpastaweißes Lächeln, verschränkt wahlweise eine Hand im Nacken und reckt den Arm hoch oder stemmt die Hand in die Hüfte. Stilettos, Minirock, viel Schmuck. Und ihr gegenüber meist ein Mann, der mit dem Smartphone Fotos macht. Alles klar: Ich bin an einem Hotspot der Influencerinnen. Sie gehören inzwischen genauso zum Stadtbild wie der Burj Khalifa oder Frauen in *Abayas*.

Influencer-Hotspot

Viele Influencerinnen und Influencer kommen nur als Touristen nach Dubai, um hier Fotos zu machen. Eine nicht unbeachtliche Zahl hat ihren Lebensmittelpunkt aber auch – zumindest vorübergehend – ganz hierher verlagert. So wie viele andere Menschen aus aller Welt auch.

Aber ist es nun so toll, glamourös, erstrebenswert, wie die VAE-PR und die Posts der Influencer es vermuten lassen?

Downtown Dubai im Licht der untergehenden Sonne

Was hat mir gefallen? Ich fand das Zusammenleben der vielen verschiedenen Kulturen auf engem Raum immer wieder aufs Neue faszinierend. Es ist eine sehr junge Stadt, in der Aufbruchsstimmung herrscht, in der Globalisierung Alltag ist und in der man mit Menschen aus aller Welt schnell in Kontakt kommt.

Zudem begeisterten mich die Ausflugsmöglichkeiten außerhalb Dubais, Ausflugsmöglichkeiten auch im weiteren Sinne: Von Dubai aus ist man in zwei Stunden in Indien, in Nepal, in Ostafrika. Ob ich beruflich oder privat in den Ländern der Region unterwegs war, von Deutschland aus wären das jeweils große Unternehmungen gewesen. Von Dubai aus waren das Kurzstrecken, die man auch einmal für ein verlängertes Wochenende zurücklegen konnte.

Wohlfühlfaktor Sonne

Und schließlich das Wetter. Zu den häufigsten Sätzen, die ich mir von Freunden, Bekannten und Familie zu Hause anhören musste, wenn wir miteinander telefonierten, gehörte: Das wird doch bestimmt mit der

Zeit langweilig, wenn immer die Sonne scheint. Meine Antwort lautete: Nein. Ich fand und finde es wundervoll, davon ausgehen zu können, dass jeden Tag gutes Wetter ist.

Was hat mir nicht gefallen? Zum Beispiel: die wenigen Möglichkeiten, zu Fuß irgendwohin zu gehen. Das permanente Autofahren und die viele Zeit, die man im Verkehr und in Staus verbringt. Ständiges Autofahren ist in noch viel größerem Ausmaß Teil des alltäglichen Lebens in Dubai als in Deutschland. Ja, inzwischen planen die Strategen Dubais auch mit Vierteln, die nicht nur ausschließlich auf Autos ausgerichtet sind. Aber das sind nur einzelne kleine Akzente. Grundsätzlich ist das Auto ein so wichtiges Statussymbol, wie vielleicht vor vielen Jahrzehnten auch mal bei uns in Deutschland.

Kritisch sehe ich auch das begrenzte kulturelle Angebot, seien es Konzerte oder vor allem die gezeigten Filme in den Kinos. Es laufen vor allem Monster- und Kriegsfilme: »Alien vs. Predator«, »Transformers«. Programmkinos mit etwas anspruchsvolleren Filmen muss man lange suchen.

Einkommenssteuerfreiheit versus hohe Lebenshaltungskosten

Richtig ist zudem – und das dürfte für so manch einen durchaus die Entscheidung, nach Dubai zu ziehen, beeinflussen: Man lebt einkommenssteuerfrei. Aber ob man am Ende wirklich besser dasteht als etwa in Deutschland, würde ich bezweifeln. Denn auf der anderen Seite stehen die recht hohen Lebenshaltungskosten. Das war sicherlich vor zehn Jahren noch ausgeprägter, als die Mieten in Dubai wesentlich höher waren als etwa in Berlin oder Hamburg. Inzwischen hat sich dies durch die Teuerung in Deutschland etwas relativiert.

Die Steuerfreiheit in Dubai wird außerdem immer weiter eingeschränkt. Inzwischen gibt es eine Mehrwertsteuer, sodass die früher im Vergleich zum westlichen Ausland erheblich billigeren Alltagsprodukte auch teurer geworden sind. Auf den Autobahnen wird eine Maut erhoben.

Insgesamt aber waren die Jahre, die ich in dem Emirat lebte und arbeitete, eine spannende, erfüllende und abwechslungsreiche Zeit, weswegen ich bis heute immer wieder gerne nach Dubai zurückkehre.

Ganz andere, beeindruckende Lichtverhältnisse herrschen in der nahen Wüste.

7

Sandfelder und Dünen, ein Wüstentrip und unheimliche Besucher im Mondlicht

Mitten im »leeren Viertel«

Wenn man in den Straßen Dubais unterwegs ist, vergisst man leicht, dass die Stadt von Wüste umgeben ist. Und zwar von einer der trockensten Sandwüsten überhaupt.

Wer wie die meisten nachts in Dubai landet, sich zunächst nur vom Flughafen zum Hotel und zu den Ausflugszielen in der Stadt bewegt, der könnte vielleicht vergessen, dass Dubai eine Wüstenstadt ist. Denn mithilfe von Bewässerungsanlagen, gibt es an viele Stellen grüne Parks und Bepflanzungen, und ansonsten ist die Bebauung inzwischen so dicht, dass von der natürlichen ursprünglichen Umgebung in der Innenstadt wenig zu erkennen ist. Aber: Direkt am Rande der Stadt geht die Zivilisation über in die Sandwüste der Arabischen Halbinsel.

Dass Dubai überhaupt in dieser Größe an diesem Ort existieren kann, ist den Möglichkeiten der Moderne geschuldet: Klimaanlagen, Meerwasserentsalzungsanlagen, weltweite Lebensmittelimporte. Ohne das könnte eine Metropole dieses Ausmaßes hier nicht bestehen. Nicht weit

Wie eine Fata Morgana erhebt sich die gigantische Skyline Dubais aus dem Dunst.

von hier erstreckt sich eine besonders trockene Region auf der Arabischen Halbinsel, das *Ruba al-Khali*, übersetzt: das leere Viertel.

Grüne Stadt in der Wüste

An den Stränden und den Promenaden in Jumeirah, mit dem Überfluss an Wasser und den bewässerten grünen Parks, kann man Urlaub machen, ohne von der Wüste etwas mitzubekommen. Mit großem Aufwand wird eine Vegetation gepflegt, die es hier natürlicherweise so gar nicht geben würde. Doch nur wenige Kilometer entfernt, gleich hinter der dichten Besiedlungszone der Stadt, erstrecken sich Sandfelder und Dünen.

Doch Dubais Wüste hat ein Problem: Sie schrumpft. Und das vor allem wegen der städtischen Bebauung, die immer mehr Wüstenflächen in urbane Räume verwandelt. Aber auch wegen der Versuche, die kargen Regionen aufzuforsten, mancherorts sogar kleine landwirtschaftliche Flächen zu ermöglichen oder Tiere zu halten. Wer also »echte« Wüste erleben will, muss immer weiter aus der Stadt herausfahren.

Die Wüste spielt für die Identität der Menschen in Dubai, wie in der gesamten Region, eine große Rolle. Die lebensfeindliche Umgebung hat Kultur und Gesellschaft am Golf zutiefst geprägt. Von den verschiedenen Wüstenformen – Sandwüste, Kieswüste, Stein-/Felswüste, Salzwüste und Eiswüste – sind die Lebensbedingungen in den Sandwüsten am härtesten. Die Rub al-Khali, die sich im Süden der Arabischen Halbinsel bis in die Emirate hinein erstreckt und die Teil der Sahara ist, ist die größte Sandwüste der Welt. Mit einer Ausdehnung von 680 000 Quadratkilometern ist sie fast doppelt so groß wie die Bundesrepublik Deutschland.

Die Dünen der Rub al-Khali erreichen teilweise Höhen von bis zu 300 Metern.

Niederschläge hier sind selten und die Niederschlagsmengen äußerst gering. 40 bis 100 Millimeter Regen fallen hier durchschnittlich im Jahr. Gleichzeitig klettern die Temperaturen tagsüber regelmäßig auf mehr als 50 °C.

Vertrautes Paar: Sandwüste und Kamele

Im Vergleich zu anderen Wüsten der Erde, die ja grundsätzlich wegen ihrer großen Ausdehnungen, lebensfeindlichen Umgebung und häufig geografisch abgelegenen Positionen selten bereist werden, ist die Rub al-Khali auffallend schlecht erforscht. Das liegt auch daran, dass der größte Teil der Wüste in Saudi-Arabien liegt, das bis vor Kurzem kaum Wissenschaftler regelmäßig einreisen ließ, um dort Expeditionen oder Untersuchungen durchzuführen. Inzwischen spielt die sogenannte »Fernerkundung aus dem Weltall« eine immer größere Rolle. Auf diese Weise können Wissenschaftler sehen, wo sich in früherer Zeit wahrscheinlich Seen und Wasserstellen befunden haben. Und heute weiß man, dass die Rub al-Khali nicht immer der extrem lebensfeindliche Raum war, der sie heute ist. Und dass Menschen sie auf Handelswegen durchquerten, ist noch gar nicht so unvorstellbar lange her. Bis ins 4. Jahrhundert nach Christus zogen Karawanen durch die Rub al-Khali, vor allem um mit Weihrauch Handel zu treiben.

Alle Fragen, die ich zur Wüste habe, stelle ich dem Geologen und Klimaforscher Stefan Kröpelin von der Uni Köln. Kröpelin beschäftigt sich seit vielen Jahren mit dem Thema.

Die Arabische Wüste ist die östliche Fortsetzung der Sahara, der größten Wüste der Welt. Was ist das Besondere an der Arabischen Wüste?

Die Sahara im nördlichen Drittel Afrikas ist wegen ihrer Dimension und Vielfalt die Königin der Wüsten, aber die Arabische Halbinsel birgt ihre Besonderheiten. Sie ist als größter Subkontinent der Erde an fast allen Seiten unmittelbar von Ozeanen umgeben und deshalb nicht so extrem trocken wie die Sahara. Es gibt mehr Grundwasser.

Auch abseits der dicht besiedelten Küstenregionen gibt es deshalb viele Oasen, die das Entstehen von Millionenstädten im Inneren ermöglicht haben. Dazu kommen die moderne Infrastruktur und ein ausgebautes Verkehrsnetz.

Gleichzeitig gibt es mit der Rub al-Khali ein riesiges Gebiet, das aus gewaltigen Sanddünen besteht.

Das stimmt. Das »Leere Viertel« ist das größte zusammenhängende Dünengebiet der Erde. Hier herrschen jahreszeitlich verschiedene Windrichtungen. Dadurch türmen sich die Sanddünen besonders hoch auf, höher, als das in der Sahara der Fall ist.

Erstaunlicherweise ist die Rub al-Khali, die doppelt so groß wie Deutschland ist, trotz der immensen finanziellen und technischen Möglichkeiten Saudi-Arabiens bis heute wissenschaftlich weitgehend unerforscht. Ich meine, dass ausgewählte Teile das Potential hätten, eines Tages als Welterbe der UNESCO anerkannt zu werden.

Ich war oft in Nordafrika unterwegs. Was mir im Vergleich dazu in Dubai auffällt, ist die besonders gelb-orangene Farbe des Sandes. Wodurch kommt das?

Das ist eine richtige Beobachtung. Die Unterschiede in der Färbung der Sande haben lokale Ursachen, je nachdem, woher sie stammen, wie alt sie sind und unter welchen Umständen sie abgelagert wurden. Der meiste Sand besteht aus den Quarzkörnern verwitterter Sandsteine verschiedener Beschaffenheit. Aber die Farbe verändert sich auch, je länger der Sand unterwegs ist. Mit der Zeit und je nach den klimatischen Bedingungen bilden sich auf jedem einzelnen Sandkorn immer dunklere hauchdünne Überzüge. So ist zum Beispiel der Sand an der Mittelmeerküste Ägyptens transparent bis hellgelb und wird, je weiter er nach Süden wandert, immer orangefarbener. Wenn er dann in der sudanesischen Sahelzone liegenbleibt, kann er fast blutrot werden.

In Dubai ist der Sand noch relativ jung und hell. Zum Teil entstand er, als der Meeresspiegel während der letzten Kaltzeit Hundert Meter niedriger lag und von den freigelegten Stränden auf die Küsten verweht wurde.

Welche Lebensformen gibt es in der Wüste in den Emiraten?

Die Wüsten der Emirate und der ganzen Arabischen Halbinsel sind wegen der höheren Niederschläge und etwas günstigeren Vegetationsverhältnisse insgesamt belebter als die kontinentalen Regionen der Sahara. Deshalb können dort neben den Kamelen viele an Trockenheit angepasste Wildtiere leben, wie zum Beispiel Füchse, Steinböcke, Wildkatzen, Wölfe oder Gazellen. Dazu kommen Schlangen, Mäuse, Skorpione oder Schwarzkäfer. Vögel wie Raben oder Falken können selbst in vollkommen lebensfeindlichem Gebiet überleben, wenn sie ab und zu einen Zugvogel erwischen. Früher gab es große Bestände von Oryxantilopen, die aber, wie Geparden oder Strauße, durch die Jagd ausgerottet wurden.

Seit den 1980er-Jahren wandelte sich das Umweltbewusstsein, und arabische Oryxantilopen wurden mit Erfolg wieder angesiedelt. Sie passen sehr gut in diesen Lebensraum, weil sie kaum flüssiges Wasser brauchen, solange sie nur genügend Nahrung, frische Gräser und Sträucher, finden.

So wie die Sahara war die Arabische Wüste aber früher auch einmal ein grüner, üppiger Lebensraum, oder?

Ganz genau. Vor rund 11 000 Jahren ist die Sahara zum letzten Mal grün geworden. Über einen Zeitraum von etwa 5000 Jahren waren Vegetation und Tierwelt so fruchtbar, dass die prähistorischen Menschen dort unter geradezu paradiesischen Bedingungen leben konn-

ten. In der heute leblosen Extremwüste gab es Giraffen- und Elefantenherden, Flusspferde, Krokodile und verschiedene Fischarten, die zahlreiche Süßwasserseen und Flüsse bevölkerten.
Vor ungefähr 6000 Jahren begann die kontinuierliche Austrocknung, welche die Menschen gezwungen hat, ihren Lebensraum zu verlassen. Das gilt mit regionalen Unterschieden grundsätzlich auch für die Arabische Wüste, obwohl die geoarchäologischen Forschungen dort erst am Anfang stehen.

Wie ist die aktuelle Entwicklung? Welche Rolle spielt der Klimawandel?

Während des Eiszeitalters der letzten zweieinhalb Millionen Jahre gab es regelmäßige Klimazyklen und man kann grob sagen: Die meiste Zeit existierte vom Atlantik über die Sahara und die Arabische Wüste bis nach Zentralasien ein Wüstengürtel. Nur etwa alle 100 000 Jahre wurde die Trockenheit von einer relativ kurzen Feuchtperiode unterbrochen, welche diese Wendekreiswüsten in savannen- oder steppenartige Landschaften verwandelte. Schon nach wenigen Jahrtausenden versetzte eine erneute Austrocknung die riesigen, zwei Kontinente überspannenden Flächen allmählich wieder zurück in den ursprünglichen Wüstenzustand.
Wir können aus der Forschung mit Sicherheit sagen, dass die Feuchtphasen immer nach dem Ende der Kaltzeiten aufgetreten sind. Während die schmelzenden Gletscher die Meere auffüllten, stiegen die globalen Durchschnittstemperaturen um einige Grad Celsius. Die erwärmten Weltmeere erzeugten mehr Wasserdampf, der durch verstärkte Monsunsysteme weit in das Innere der Kontinente verweht wurde und dort abregnete.
Nun beobachte ich seit Ende der 1980er-Jahre in verschiedenen Regionen der Sahara einen Trend zu erhöhten Niederschlägen. Nicht permanent und nicht überall gleich ausgeprägt, aber der Trend ist da. Auch in den Golfstaaten. Und so könnte es sein, dass ein weiterer Anstieg der globalen Temperaturen wie in der Vergangenheit wieder dazu führt, dass der altweltliche Wüstengürtel einschließlich der Arabischen Halbinsel wieder feuchter und grüner wird.

Was macht den Reiz der Wüste aus?

Ich denke, wenn man als Tourist in Dubai einen Ausflug in die Wüste macht, merkt man sehr schnell: Ist die Wüste mein Ding, oder nicht? Dazwischen gibt es eher nichts. Entweder man verfällt ihr und will immer wieder hin, oder nie wieder. Manche Menschen bekommen sogar Angst in der Wüste.

Was natürlich gerade in Dubai besonders auffällt, ist der totale Kontrast zur modernen Lebensweise. Auf der einen Seite Wolkenkratzer, Hektik und Luxus, und nach kurzer Fahrt das komplette Gegenteil: die absolute Abgeschiedenheit der Wüste. Es sind die Ruhe und die Spiritualität, die einen Aufenthalt in dieser Umgebung gerade in unserer modernen Welt so besonders machen. Ich glaube auch, dass es kein Zufall ist, dass die beiden größten Weltreligionen ihren Ursprung in der Wüste haben. In der Einsamkeit der Wüste wird die eigene Existenz plötzlich ganz klein, es findet eine Selbstbesinnung statt, wie man sie in den Städten kaum erleben kann.

Gleichzeitig wird einem die Einzigartigkeit jedes Lebens bewusst, und schon ein Tropfen Wasser erscheint wie ein unvorstellbares Wunder. Nachts hat man einen Blick auf das Universum wie an kaum einem anderen Ort der Erde. Man sieht den Orion über den Himmel wandern und Sternschnuppen. Wenn kein Wind weht, kann man sie in seltenen Fällen sogar hören. Für mich ist die Wüste ein magischer Ort.

Autobahnen erschließen alle Teile der VAE – man kann also von Nord nach Süd, von Ost nach West das Land komplett durchqueren und dabei die verschiedenen Wüstenformen erleben. Direkt hinter Dubai beginnt Sandwüste, weiter im Osten Felswüste, Ausläufer der Rub al-Khali im südlichen Teil. Für mich besonders faszinierend sind die verschiedenen Stimmungen je nach Tageszeit. Morgens ist die Luft klar, fast erfrischend, tagsüber brennend heiß, schweißtreibend. Abends, wenn die Sonne gerade am Horizont steht und langsam untergeht, erscheint der Himmel in den fantastischsten Farben. Und in der Nacht leuchtet das Himmelszelt hell und in bestechender Klarheit.

Ich wurde am Wochenende häufig von Freunden auf einen Ausflug in die Wüste eingeladen. Das war dann meistens nicht besonders besinnlich, sondern vor allem rasant. Mit dem Jeep heizten sie die Dünen rauf und dann in recht abenteuerlichen Manövern wieder runter. Das ist auch das, was die meisten Wüstentouren-Anbieter den Touristen heute ermöglichen. Das macht Spaß in der Gruppe, ist eher ein Gemeinschaftserlebnis, und für Instagram gibt's tolle Bilder.

Eine Wüstentour in den Emiraten – das ist natürlich längst kein einsames Erkunden entlegener Orte mehr, sondern alltägliches touristisches Geschäft. Allein in Dubai gibt es unzählige Anbieter von Wüstensafaris. Für viele Touristen gehört solch eine Tour zum Urlaub dazu. Die Beduinen-Camps, in denen es am Abend Barbecue gibt, haben mit Beduinen aber nichts zu tun, sondern sind lediglich touristische Kulisse. Und auch der sogenannte »Bauchtanz«, der hier regelmäßig dargeboten wird, ist nicht Bestandteil einheimischer Tradition. Bauchtanz, auf Arabisch Raqs Sharqi (»Tanz des Ostens«) genannt, ist fest in Ägypten verankert.

Nichts gegen solche Touren. Man kann dabei durchaus Spaß haben. Aber eine ganz andere Wirkung entfaltet die Wüste, wenn man sie

Fast wirken die Jeeps wie große Käfer, die die Dünen hoch- und runterrollen.

Nachtlager einer Wüstentour: In die Wüste sollte man nicht allein aufbrechen.

nicht per Jeep durchquert, wenn man nicht ständig Fotos für Instagram macht, wenn man alleine ist und die Stille der Wüste genießt.

Unvergleichliche Stille und Weite

Ein Ausflug in die entlegenen Teile der Wüste ist ein beeindruckendes Erlebnis. Es ist ein Trip, den ich jedem empfehle, der einmal in Dubai Station macht. Aber: Ich empfehle natürlich auf gar keinen Fall, diesen Trip allein und auf eigene Faust zu machen. Denn auch wenn die hypermoderne Metropole Dubai komplette Zivilisation verspricht, nur wenige Kilometer weiter, in der Wüste, gilt das nicht mehr. Auf einer der vielen Autobahnen durch das Dünenmeer zu fahren ist natürlich ungefährlich. Aber die festen Straßen verlassen und sich auf ein wirkliches Wüstenabenteuer zu begeben, das sollte man wirklich nur mit Gruppen oder einem Guide. Dann ist man zwar nicht allein, aber die Weite der Wüste, die Stille dieses Ortes – man kann sie genauso gut erfassen und genießen.

Eine Nacht in der Wüste zu verbringen, das ist nochmal etwas ganz anderes und wohl wirklich unvergesslich. Die totale Stille, das Licht, die Sterne – das kann man nur an wenigen Orten auf der Welt so erleben wie hier auf der Arabischen Halbinsel.

Ich hatte meine Nacht in der Wüste nicht über einen Reiseveranstalter gebucht, sondern begleitete für eine journalistische Reportage ein Team von Forschern, die in der Wüste seltene Tierarten untersuchten. Wir fuhren mit drei Geländewagen über die Dünen, wurden so mehr als eine Stunde lang ordentlich durchgeschüttelt. Wir fuhren, bis wir am Rande eines Gebirgszuges, wo der Sand sich auf einer weitgehend ebenen Fläche ausbreitete, ankamen. Hier schlugen wir unser Lager auf, bestehend aus vier Zelten, in denen jeweils zwei Personen schliefen.

Gefährliche Besucher

Schon mal vorweg: Ich habe in dieser Nacht überhaupt nicht geschlafen. Nach dem Abendessen, für das wir Reis und Bohnen über offenem Feuer zubereitet hatten, machten wir uns daran, die Betten herzurichten. Die Schlafsäcke legten wir auf ausklappbare Gestelle, damit wir nicht auf dem Boden liegen mussten. »Unbedingt gründlich ausschütteln« lautete der eindringliche Appell eines Begleiters – weil sich vielleicht Skorpione im Schlafsack versteckt haben könnten. Und die Skorpione in der Arabischen Wüste können auch für Menschen gefährlich werden. Vor allem der hier weitverbreitete »Androctonus australis«, auch Sahara-Dickschwanzskorpion genannt. Der bis zu 10 Zentimeter große, ockerfarbene Skorpion zählt zu den giftigsten überhaupt – und gilt außerdem noch als besonders aggressiv. Immer wieder kommt es in Nordafrika und der Arabischen Halbinsel zu Todesfällen nach einem Stich durch diese Skorpionenart. Außerdem ist auf der Arabischen Halbinsel der »Hottentotta Jayakari« verbreitet, ebenfalls sehr aggressiv und giftig – auch wenn der Stich wohl nicht lebensgefährlich, sondern vor allem schmerzhaft ist. Vorsicht ist also geboten! Mein Schlafsack war zum Glück »sauber«.

Wenige Minuten später lag ich nun da, in der Wüste, und wollte schlafen – doch es klappte nicht. In der totalen Einsamkeit spielte sich auf einmal allerlei ab. Es war Vollmond, die Nacht hell.

Der Mond schien direkt auf das Zelt, auf dem wie auf einer Leinwand ab und zu Schatten zu sehen waren, die kamen und gingen.

Ich konnte Tierköpfe ausmachen, Ohren, Beine und hatte doch keine Ahnung, was da jetzt gerade draußen an unserem Zelt vorbeiging. Ob es sich um eine mausgraue Gestalt handelte oder eine Hyäne.

Spuren im Sand

Dann hörte ich etwas unter mir und blickte nach unten. Im Mondlicht, das auch das Innere des Zeltes etwas erhellte, konnte ich einen riesigen Käfer ausmachen, der dort herumkrabbelte. Daneben: weitere Spuren im Sand, die eben noch nicht da waren. Denn das Zelt war unten offen. Und so konnte, wie mir erst jetzt klar wurde, alles unten durchkrabbeln, was nachts in der Wüste unterwegs war. Denn einige Tierarten sind nur nachts aktiv. So die auch schon erwähnten, gefährlichen Skorpione der Wüste, die sich tagsüber im Schatten aufhalten und erst in der Nacht auf Jagd gehen. Außerdem sind Wüstenspringmäuse nachts unterwegs und bewegen sich im vom Mondlicht erhellten Dunkel. Und eben alle möglichen Käferarten. Als ich mitten in der Nacht einmal aus dem Zelt schaute, konnte ich in einiger Entfernung auf einer Düne sich schnell bewegende hundeartige Tiere ausmachen. Am nächsten Tag erklärte mir einer der Wissenschaftler, dass das wahrscheinlich Hyänen waren, die es auch auf der Arabischen Halbinsel gibt und die ebenfalls vor allem nachts umherziehen. Die ganze Nacht vernahm ich also Geräusche und bemerkte Bewegungen, mit dem Ergebnis, dass ich kein Auge zubekam.

Absolute Stille wie in der Wüste kann etwas sehr Gewöhnungsbedürftiges sein, wenn man ansonsten in einer Stadt lebt.

Die Lichter der Wüste

Erst gegen Morgen brachte mich die vollkommene Übermüdung dazu, dass ich doch noch einschlief. Nach einem eher kurzen Schlummer fing es an zu dämmern, und die anderen Mitglieder meiner Wüstengruppe starteten in den Tag. Wie gesagt, ich begleitete Wissenschaftler, wir waren drei Tage und zwei Nächte in der Wüste. In der zweiten Nacht hatte ich mich an die Szenerie und die Umgebung gewöhnt.

Wenn ich daran zurückdenke, dann verstehe ich, welche Faszination Stefan Kröpelin in unserem Gespräch über die Wüste beschrieb, und dass es tatsächlich möglich ist, süchtig danach zu werden. Nach einiger Zeit hatte ich mich auch an die tierischen Aktivitäten der Nacht gewöhnt. Für mich war aber das Magische vor allem der Himmel und das Mondlicht. Wohl nirgendwo sonst habe ich je Sterne in einer solchen Brillanz und Klarheit gesehen. Ebenso wie das einzigartige Dämmerlicht des Mondes in der Wüste, das alles in eine unwirkliche Atmosphäre hüllt. Fantastisch!

TIPPS

Wer nicht im Zelt übernachten möchte, für den gibt es eine Reihe äußerst luxuriöser Wüstenresorts:

ÜBERNACHTEN

Al-Maha Desert Resort
Mitten im Naturschutzgebiet Dubai Desert Conservation Reserve, 45 Autominuten von Dubai.

- Al Ain Road, Dubai, www.marriott.de

Quasr al Sarag by Anantara
Abgeschiedene Oase in der Liwa-Wüste.

- Qasr Al Sarab Road 1, www.anantara.com

Telal Resort al Ain
Villen mit freiem Blick auf die Dünen.

- Remah Al Ain, Abu Dhabi, www.telalresort.ae

AUSFLÜGE

Geführte Touren und Übernachtungen in der Wüste
Am besten Vergleichsportale im Netz checken, denn inzwischen gibt es eine kaum überschaubare Zahl an Anbietern mit wechselnden Preisen, Aktionen und Sonderangeboten, oder vor Ort im Hotel beim Concierge fragen.

Tagesausklang mit den Füßen im Sand

Nicht nur perfekt angepasst an die Hitze, sondern auch intelligent und lernfähig ist das Kamel.

8

Kamele – Schiffe der Wüste

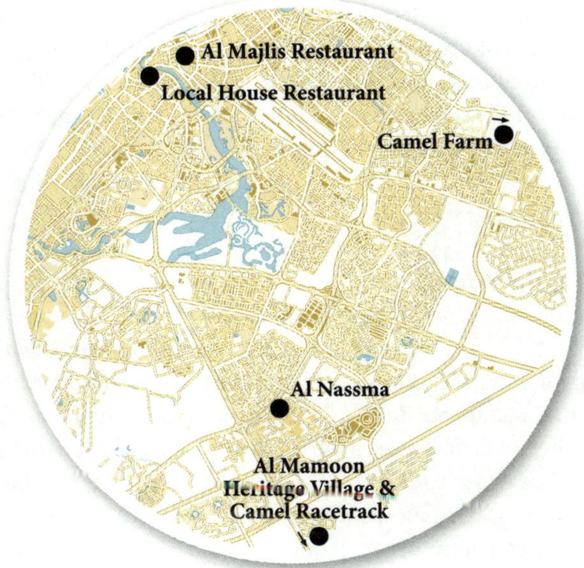

Schmackhaftes Kameleis, Kamel-Umarmungen
und das traditionelle Kamelrennen

Friedliebende Haustiere der Nomaden

Kamele gehören unabdingbar zum Bild Arabiens. Jede Menge Wissenswertes über die beeindruckenden »Wüstenschiffe«.

Ich kann mich gut daran erinnern, wie ich 1999, als ich das erste Mal in Dubai war, von meinen einheimischen Bekannten am Hotel abgeliefert wurde. Das war das Oasis Beach Hotel, das es inzwischen gar nicht mehr gibt. Es stand recht einsam auf weiter Flur, dort, wo heute die Hochhäuser von JBR sich in den Himmel recken. Es wurde längst abgerissen, um moderneren Gebäuden Platz zu machen. Ich war noch nicht müde und schlenderte in der Dunkelheit durch den Garten zwischen Lobby und Strand, als ich ein Rascheln in dem Palmenhain hörte, der das Grundstück zu einer Seite begrenzte. Vorsichtig ging ich näher und lugte in das Gebüsch – als sich mir plötzlich zwei Kamelköpfe mampfend entgegenreckten.

Unfallgefahr Kamel

Auch später konnte ich in der Stadt an manchen Stellen, die nicht so dicht bebaut waren, kleine Gruppen von Kamelen ausmachen. Sie kamen damals noch bis zu den Brachflächen am Rande der Stadt und waren daher sichtbarer Teil der Metropole. Das ist heute anders. Wer Kamele sehen will, der muss inzwischen weit hinausfahren in die Wüste. Dort gibt es dann auch zahlreiche Kamelfarmen und Zuchtstationen. Denn die Tiere spielen für die Kultur der Emirate bis heute eine wichtige Rolle. Beliebtes Fotomotiv für Touristen sind übrigens die zahlreichen »Achtung Kamel«-Straßenschilder, die man überall im Emirat sehen kann. Mit ihnen wird vor Kamelen gewarnt, die hier plötzlich über die Fahrbahn laufen könnten. Das ist besonders gefährlich, denn wegen ihrer langen Beine prallt im Falle eines Unfalls der schwere, massige Körper der Kamele genau auf Fahrerhöhe auf das Auto und schlägt nach innen durch. Einheimische fürchten solche Unfälle daher mehr als wir etwa Unfälle mit Wild.

Kamelmilcheis im Angebot – dieser Verkäufer hat gut lachen.

Ich möchte mehr über die »Wüstenschiffe« erfahren und spreche mit einem Experten in Sachen Kamele. Ulli Runge ist diplomierter Zootierpfleger und arbeitet seit mehr als 25 Jahren intensiv mit Kamelen.

Herr Runge, sind alle Kamele gleich? Ist das Kamel in Dubai identisch mit dem in Marokko?

Es gibt natürlich verschiedene Kamelrassen. In der arabischen Welt oder auch in Indien werden sehr viele Formen von Kamelen unterschieden. Für uns sind es in der Tat auf den ersten Blick alles Dromedare, also einhöckerige Kamele. Wenn man genau hinsieht, bemerkt man die Verschiedenheiten. Nicht so ausgeprägt wie etwa bei Pferden, wo auch Laien die einzelnen Rassen auf den ersten Blick unterscheiden können. Bei den Kamelen machen eher kleine Details den Unterschied. Da geht es dann um die Größe, die Farbe – von Weiß über Hellbraun bis hin zu Rotbraun oder auch Grau –, die Haarstruktur oder den Körperbau. Dromedare können auch gescheckt sein, also etwa grau- weiß gefleckt, die gibt es aber zum Beispiel nur in der Westsahara. Die Tiere können sich hinsichtlich der Kopfform unterscheiden. Aber um das im Einzelnen zu erkennen, muss man schon ein Fachmann sein.

Sie sprechen von Dromedaren, was ist denn mit dem Kamel mit zwei Höckern?

Tatsächlich ist Kamel der Überbegriff, man unterscheidet die zweihöckerige Variante von der einhöckerigen. Bei allen Kamelen in Nordafrika und Vorderasien – ob in Marokko, Dubai, Ägypten oder Indien – handelt es sich um Dromedare. Die zweihöckerige Variante lebt in Zentralasien, also in Teilen Russlands, Kasachstans und der Mongolei, aber auch in China. Das klischeehafte Bild von zweihöckerigen Kamelen in der Sahara vor den Pyramiden, das ist falsch, das gibt es so nicht.

Eine andere verbreitete Annahme ist ja, dass Kamele Wasser in ihren Höckern speichern. Stimmt das?

Nein, auch das stimmt nicht. Die Höcker sind ein Energiespeicher aus Fettgewebe, kein Wassertank. Kamele kommen grundsätzlich mit sehr wenig Wasser aus. Dass sie auch längere Zeit ohne Wasseraufnahme überleben können, schaffen sie durch verschiedene körperliche Anpassungen.

Haben Kamele mit zwei Höckern dann grundsätzlich bessere Energiespeicher als Dromedare mit nur einem?

Nein, da kommt es auf das einzelne Tier an, wie groß die jeweiligen Höcker sind. Die Fettmenge ist nicht abhängig von der Anzahl der Höcker. Tatsächlich ist es so, dass das Dromedar mit weniger gehaltvollem Futter auskommt als das zweihöckerige Kamel. Das hat wahrscheinlich mit der Anpassung an das karge Futterangebot in den Wüsten Nordafrikas zu tun.

Wo kommen die Kamele ursprünglich her?

Dazu gibt es verschiedene Theorien. Gesichert ist, dass die Vorfahren aller Kamele – dazu gehören auch die Lamas, Alpakas, Vicunya und Guanakos, sogenannte »Neuweltkamele« in Südamerika – aus

Nordamerika stammen. Sie haben im Laufe der Evolution die Zahl der Zehen reduziert, bis sie zu sogenannten »Paarhufern« wurden und längere Beine bekamen – beides, damit sie in den offenen Landschaften schneller vorankommen. Die Vorfahren der heutigen Kamele – sogenannte »Altweltkamele« – sind über die Beringstraße in Alaska nach Sibirien eingewandert zu einer Zeit, als der Meeresspiegel niedriger lag und diese Landverbindung noch überbrückt werden konnte. Danach wurde zunächst Zentralasien durch die Kamele besiedelt und später von dort aus die Arabische Halbinsel, Vorderasien und erst ganz zuletzt Nordafrika.

Kamele sind reine Pflanzenfresser und können selbst vertrocknete Zweige und Halme verwerten.

Viele verbinden ja, wie schon erwähnt, Dromedare sehr stark mit der Sahara und auch mit Ägypten. Tatsächlich ist das Kamel dort erst nach der Antike heimisch und typisch. Deswegen findet sich in alten Inschriften aus der pharaonischen Zeit fast keine Kameldarstellung, obwohl ansonsten Tiere im Götterglauben eine große Rolle spielen. Und auch auf der Arabischen Halbinsel sind Kamele relativ neu.

Sind das frei lebende Tiere, die man in Dubai sieht?

Kamele sind stets domestiziert, sie sind Haustiere. Das zweihöckerige Kamel in Zentralasien stammt von einer Wildform ab, die es zwar noch gibt, die aber inzwischen nur noch in winzigen Schutzgebieten in der Mongolei und in China existieren. Von dieser bedrohten und noch immer kaum bekannten Wildform gibt es übrigens weltweit nicht ein einziges Tier in einem Zoo, die sind also extrem selten.

Vom Dromedar gibt es überhaupt keine echte Wildform. Alle Tiere, auch wenn sie scheinbar frei herumlaufen, gehören daher immer jemandem. Einer Nomadenfamilie, einem Scheich oder einem Züchter.

Kamelrennen, Touristen, die auf den Tieren reiten – darf man das?

Das kommt drauf an. Wenn die Tiere geritten, gemolken oder geschlachtet werden, ist das aus meiner Sicht dann unproblematisch, wenn es unter Nomadenverhältnissen geschieht. Also wenn es sich um die traditionelle Lebensweise handelt, von der Menschen seit Jahrtausenden leben. Inzwischen hat sich aber eine Art Massentierhaltung herausgebildet, und das ist genauso problematisch wie bei anderen Tieren. Gerade in den vergangenen Jahren hat sich das bei der Kamelhaltung sehr intensiviert. Damit sie zum Beispiel eine wirtschaftlich ausreichende Milchmenge geben, werden sie viel zu gut gefüttert. Das kann man daran erkennen, dass die Tiere einen riesigen Höcker haben, der auf eine zu fette Nahrung hinweist, gleichzeitig stehen sie auf sehr dünnen Beinen. Die Beine des Kamels sind dafür gemacht, einen leichten Körper weit zu tragen. Die zunehmende industrielle Haltung ist kritisch zu sehen.

Mit Blick auf den Tourismus gilt dasselbe: Es kommt drauf an. Wenn man als Tourist gemeinsam mit Nomaden einen Ausritt macht, bei dem das Tier in traditionell üblicher Weise behandelt wird, ist nichts dagegen zu sagen. Ansonsten sollte man schon drauf achten: Wie wird mit den Tieren bei den jeweiligen Angeboten umgegangen? Wird das Tier ständig am Nasenring gezogen? Wenn mehr als eine Person auf einem Kamel sitzt, ist das grenzwertig. Ein Kamel ist zwar ein sehr starkes Tier, aber die Traglast sollte 100 Kilogramm nicht überschreiten. Werden bei touristischen Angeboten zwei oder sogar drei Menschen auf das Kamel gesetzt, ist das eigentlich Tierquälerei.

Kamelfleisch und Kamelmilch – einige sagen, das sei eine Art Superfood. Stimmt das?

Ja. Lebensmittelwissenschaftler haben bei Kamelmilch nachgewiesen, dass Fett und Eiweißgehalt kaum von dem der Kuhmilch abweichen. Aber sie ist voller Mineralien, Vitamine und Spurenelemente und soll sich sehr positiv auf den Verdauungstrakt auswirken. Gleichzeitig haben Kamele einen viel besseren sogenannten grünen Fußabdruck, das heißt, sie brauchen etwa deutlich weniger Wasser als Kühe.

Was ist für Sie das Faszinierende an Kamelen?

Ich habe eine Ausbildung als Zootierpfleger absolviert und in dem Zusammenhang mit verschiedenen exotischen Tieren gearbeitet. Gleichzeitig hat mich der Lebensraum Wüste begeistert und die jeweiligen Kulturen in diesen Gebieten. Vor über 20 Jahren habe ich dann privat angefangen, zwei Kamele zu halten. Heute würde ich nichts anderes mehr machen wollen. Kamele sind sehr intelligent, sehr angepasst an ihren Lebensraum und nehmen eine extrem wichtige Rolle in den jeweiligen Kulturräumen ein. Wüstengebiete wären ohne Kamele nie besiedelt worden. Dschingis Khan hätte ohne Kamele nicht sein Weltreich errichten können. Das alles zusammen macht Kamele für mich zu so spannenden Tieren.

In der nomadischen Lebensweise war das Kamel aber nicht nur Lasttier und für die Fortbewegung wichtig, wie mir Ulli Runge erklärt, sondern lieferte auch Milch und Fleisch – für das Überleben der Menschen in der Wüste von großer Bedeutung. In Dubai gibt es das eine oder andere Restaurant, in dem Kamelburger oder Kamelsteaks serviert werden. Wer experimentierfreudig ist und das einmal probieren möchte, der wird im Stadtteil al-Fahidi fündig, und zwar im Local House. Ich als jemand, der wenig Fleisch und lieber Fisch isst, habe bis heute kein Kamelfleisch probiert.

In den vergangenen Jahren hat sich auch ein kleiner Trend Richtung Kamelmilch entwickelt.

Einige Cafés bieten »Camelchino« mit Kamelmilch an, Kamel-Milchshakes, auch Kakao aus Kamelmilch. Ich habe das einmal ausprobiert und festgestellt, dass die Milch sehr schmackhaft war, aber etwas wässriger als Kuhmilch mit einem angenehmen, leicht würzigen Geschmack.

Wer es also wie ich zunächst einmal mit der Kamelmilch versuchen will, dem kann man das al-Majlis in der Dubai Hall empfehlen, das Schokolade und Eiscreme aus Kamelmilch anbietet. Manche Restau-

Kamele auf einer Farm

rants in Dubai bieten inzwischen Kamelmilch-Produkte auch als Ersatz für Kuhmilch an, etwa in Soßen für Pastagerichte. Lohnenswert ist auch der Besuch in einem der Geschäfte der al-Nassma-Kette, die ebenfalls Schokolade und Pralinen aus Kamelmilch im Sortiment hat.

Eine wichtigere Rolle als auf dem Speiseplan spielen Kamele in Dubai im sportlichen Bereich: Die traditionellen Kamelrennen sind bis heute ein wichtiges gesellschaftliches Ereignis, nicht nur in den VAE, sondern in der gesamten Region. Die Rennsaison reicht von Oktober bis April, wobei die Rennen immer am Morgen und zwar freitags und samstags stattfinden.

Erlebnis Kamelrennen

Wer als Dubai-Besucher einmal dabei sein möchte, für den heißt es: früh aufstehen! Unter den vielen verschiedenen Kamel-Rennstrecken ist der al-Marmum Camel Racetrack der größte in Dubai. Die Strecke liegt an der Autobahn von Dubai Richtung al-Ain, etwa eine halbe Stunde von den zentralen Vierteln entfernt. Drumherum hat man ein sogenanntes »Heritage Village« errichtet, also eine Art Fort im traditionellen Stil. Freitags und samstags früh wird es dann hier richtig voll, wenn zahlreiche Einheimische sich im Morgengrauen zu den Rennen treffen und zahlreiche riesige SUVs hier anrollen. Die Rennen selbst sehe ich kritisch. Mittlerweile sitzen auf den Kamelen oft keine echten Jockeys mehr, sondern Roboter, die man fernsteuern kann – meistens aus den neben den rennenden Kamelen herrasenden SUVs, die außerdem noch permanent hupen, um die Tiere zusätzlich anzutreiben. Für die Kamele kann das weder angenehm noch stressfrei sein. Bei den Rennen geht es natürlich auch ums Gewinnen und um viel Geld.

Was und wo?

The Camel Farm

Kamelzuchtstation vor den Toren Dubais, die Besuchern offensteht. Neben Fütterungen kann man hier mit den Tieren kurze und längere Ausritte unternehmen und so auf dem Kamelrücken über die Sanddünen reiten.

- Al Khawaneej, E77 Richtung Norden zwischen D63-Al Qudra Road und E66-Al Ain Road, www.thecamelfarm.ae

Local House

Das Restaurant serviert emiratische Küche und macht mit außergewöhnlichen Kreationen Schlagzeilen – etwa als erstes Restaurant Dubais, das Kamel-Burger serviert. Es gibt außerdem alles aus der Region: Fisch, Vorspeisen, aber eben auch Eiscreme aus Kamelmilch.

- Haus N. 65 in Bastakiya, nahe dem al-Fahidi-Kreisverkehr und gegenüber dem Mussallah Postgeschäft, www.instagram.com/localhousesafar

al-Marmum Camel Racetrack

An der Autobahnkreuzung E44/E66 auf die E66 Richtung Süden abbiegen, und nach etwa 30 Kilometern erreicht man das al-Marmoom Heritage Village mit der Kamelrennbahn. Ein echtes einheimisches Erlebnis, meistens sind nur wenige Nicht-Emirati hier. Die Einheimischen freuen sich über Besucher, die an der Tradition des Kamelrennens interessiert sind.

- Al Ain Road, Al Marmoom, www.dubaicrc.ae

NICHT VERPASSEN

Kamel-Umarmungen

Die Kamelzuchtstation bietet noch etwas ganz Besonderes: die »Camel Hugging Therapy«. Das ist eine nahe Begegnung mit Tieren, die das Wohlbefinden und Glücksgefühl steigern soll. Medizinisch nachgewiesen ist der Nutzen einer Kamel-Umarmung nicht, aber dennoch sind die »Hugging slots« meistens ausgebucht. Für die Umarmungen wurden einige besonders ruhige und zutrauliche Tiere speziell trainiert. Zuerst schnuppern sie an den Besuchern, bevor sie sich jeweils eine Person aussuchen, zu der sie dann für Umarmungen ihren Kopf und Hals herunterstrecken. Auf jeden Fall eine ziemlich einzigartige Begegnung.

- Al Khawaneej, E77 Richtung Norden zwischen D63-Al Qudra Road und E66-Al Ain Road, www.thecamelfarm.ae

Im Gespräch mit Suheyla Takeesh
von der Sharjah Art Foundation

9

Das Kunstemirat Sharjah

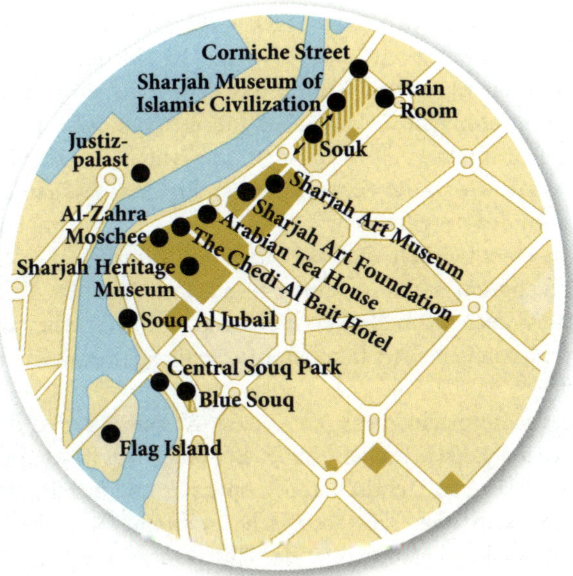

Von Regeninstallationen, historischen Exponaten und zeitgenössischer arabischer Kunst

Zu Gast in den beeindruckenden Kunstsammlungen des Scheichs von Sharjah

Dubai ist in vielen Dingen Weltspitze. Was die Attraktivität für kunst-, kultur- und geschichtsinteressierte Reisende angeht, ist aber definitiv noch Luft nach oben. Aber es gibt eine Alternative: Dubais Nachbaremirat Sharjah.

Auch wenn Dubai auf den ersten Blick von zur Schau gestellten Glitzerattraktionen bestimmt wird – es gibt vor Ort ein durchaus bestehendes Interesse an Kunst und Kultur, das man zugegeben etwas suchen muss. Es gibt zahlreiche Galerien und Museen, und jedes Jahr im März findet die Kunstmesse Art Dubai statt, die »wichtigste Kunstmesse im Nahen Osten«, wie sie die Veranstalter beschreiben. Tatsächlich hat sich die Messe in den vergangenen 15 Jahren zu einem wichtigen Ereignis der Kunstwelt entwickelt. Künstlerinnen und Künstler aus dem Nahen Osten und angrenzenden Regionen zeigen ihre Arbeiten. Und wie andere Messen auch, zum Bespiel die Biennale in Venedig, ist die Art Dubai inzwischen eine Art Inkubator für neue Sterne am Kunsthimmel geworden.

Ich muss schmunzeln, wenn ich an eine Art Dubai denke, die ich einmal vor vielen Jahren besucht habe. Bei einer Ausstellungseröffnung standen die Gäste an Stehtischen bei Apfelsaft und Snacks zusammen, unterhielten sich über zeitgenössische arabische Künstler und ihre jüngsten Besuche im MoMa oder der Tate Gallery. Da bemerkte ich einen einheimischen Mann in seiner *Kandura*, der von Bild zu Bild ging, dabei aber nicht auf das Bild selbst schaute, sondern offenbar suchend ganz nah an das Objekt herantrat und von links nach rechts schaute. Er schüttelte den Kopf und ging zum nächsten Bild, wo er offenbar weitersuchte. Nach einiger Zeit ging ich zu ihm herüber und fragte, was er denn suche. »Den Preis«, antwortete er. »Die Bilder sind nicht zum Kauf,« erwiderte ich. »Warum zeigt ihr sie dann?« entfuhr es ihm verblüfft. Die Idee, Kunst auszustellen, um zum Beispiel einen Denkprozess wiederzugeben oder anzuregen, schien für ihn völlig abwegig zu sein.

In der Tat muss man sich in Dubai die einzelnen Anlaufstellen zusammensuchen. Eine Galerie in Jumeirah, ein Kunstzentrum am Creek, dazu einzelne verteilte Ausstellungen in Museen, die mal mehr, mal weniger ideenreich und ansprechend kuratiert sind.

Anders im Nachbaremirat: Wer von Dubai hierherfährt, merkt gar nicht, dass er in einer anderen Stadt ist, die beiden Emirate sind inzwischen komplett zu einer Metropolregion zusammengewachsen. Und doch ist Sharjah so ganz anders als Dubai und auch als Abu Dhabi – weswegen ich einen Tagesausflug für alle die, die sehr viel Abwechslung in Sachen Kultur, Geschichte und Kunst auf engem Raum suchen, absolut empfehlen kann!

Kunstbegeistertes Herrscherhaus

Der Reichtum in den VAE ist sehr ungleich verteilt. Sharjah gehört zu den weniger wohlhabenden Emiraten, was man vielerorts in der Stadt auch an den etwas einfacheren Wohnhäusern und schlichteren Geschäftszeilen erkennen kann. Gleichzeitig hat sich Sharjah viel Authentizität bewahrt. Das Herrscherhaus hat schon vor Jahrzehnten damit begonnen, viel in Kunst und Museen zu investieren. Der aus meiner Sicht besondere Charme besteht darin, dass man an der Corniche in Sharjah auf recht kleinem Raum eine unglaubliche Abwechslung vorfindet, die ganz verschiedene Eindrücke vermittelt: Das Museum for Islamic Civilization zeigt historische Exponate. Der Souk ist, anders als die Touristen-Souks in Dubai, tatsächlich ein Einkaufsort vor allem für »locals«, die hier Kleidung oder seltene Hölzer erstehen, mehrere gut gemachte Ga-

HÄTTEN SIE'S GEWUSST

Facts & Figures: Sharjah

- Einwohner: ca. 2,37 Millionen (2019), davon ca. 1,27 Millionen in der Stadt Sharjah
- Fläche: 2590 Quadratkilometer (in etwa so groß wie die«, Fläche des Saarlands)
- Regierung: Dynastie al-Qasimi; derzeitiger Ruler ist Scheich Sultan bin Muhammed al-Qasimi (geboren 1939, seit 1972 Ruler von Sharjah)

lerien und Museen zeigen moderne Kunst, und gleichzeitig bewegt man sich im Geschäftszentrum des Emirats, wo sich Inder in einem Berber-Shop die Haare schneiden lassen, Schischas geraucht werden und die Dhows, typische Segelschiffe, im Hafen ankern. Eine absolut vielfältige, bereichernde Umgebung. Und aus meiner Sicht ein riesiges Plus: Ist man erst einmal da, kann man fast alles locker zu Fuß erkunden.

Abwechslungsreicher Kunstspaziergang

Aber der Reihe nach: Als Startpunkt bietet sich der »Rain Room« der Sharjah Art Foundation an. Dabei handelt es sich eher um eine Art Spielerei, die als Auftakt aber sehr schön ist, vor allem wenn man nach der Autofahrt erst einmal ankommen möchte. Der »Rain Room« ist eine Installation, bei der in einer Halle ein Regenschauer imitiert wird, durch den die Besucher schreiten können, ohne nass zu werden. Sensoren ermitteln, wie und wohin man sich bewegt, der Regen hört an den entsprechenden Stellen auf.

Vom »Rain Room« aus geht es dann Richtung Corniche, an einer Art kleinem, eingezäuntem Park mit Kinderspielplatz entlang. Nächster

Im »Rain Room«: Duschen, ohne nass zu werden, ist ein (Kunst-)Erlebnis der besonderen Art.

Halt ist das Museum for Islamic Civilization, das man mit seinem lang gestreckten Gebäude und der goldenen Kuppel auf der linken Seite am Ufer der Corniche schnell ausmachen kann.

Allein in diesem Museum könnte man viele Stunden verbringen, wollte man sich intensiv mit den einzelnen Exponaten auseinandersetzen. Hier werden allerlei Münzen, Messgeräte und Dokumente aus frühen Zeiten und vieles mehr gezeigt. Detailliert wird die Stärke des Islam gepriesen. Besonders interessant: eine Nachbildung des schwarzen Steins, der sich in der Kaaba in Mekka befindet.

Anschließend geht es weiter die Corniche hinunter. Auf der anderen Seite des Meeresarmes kann man die beeindruckende Kuppel des Justizpalastes erkennen und die vielen traditionellen Boote, die hier ankern.

Die Gegend hat Flair.

Nach kurzer Strecke beginnt der Souk, der sich unmittelbar an der Corniche befindet. Ja, auch hier ist nicht alles alt, im Gegenteil: Auch dieser Souk ist neuen Datums, aber größtenteils auf alt gemacht. Aber ein paar wirklich alte Gebäude mit morschen Balken und verputztem Lehm kann man hier und da erkennen. Und die dem alten Stil nachgeahmten Bauten wirken hier sehr viel detailgetreuer errichtet, in dem Bemühen, tatsächlich eine authentische Atmosphäre zu schaffen, als das im benachbarten Dubai häufig der Fall ist. Und ein weiterer wichtiger Unterschied, der hier in Sharjah dazu beiträgt, dass der Souk »echter« wirkt: die vielen Einheimischen, denen er tatsächlich als Einkaufs- und Flaniermeile dient. Es ist eben nicht nur eine bloße Touristenkulisse. Durch den Souk geht es zunächst nur ein paar Meter weit, dann muss man auf der linken Seite nach einem der schmalen Gänge suchen, die von hier aus abgehen. Es geht vorbei an mehreren traditionellen Gebäuden, die, wie ein Großteil des Areals, schon zur Sharjah Art Foundation gehören. Hier befinden sich überall Galerien, Ausstellungsräume oder Innenhöfe, in denen regelmäßig Aufführungen stattfinden. Gleich dahinter öffnet sich der schmale Gang zu einem größeren Platz, dem Vorplatz des Sharjah Art Museum, das man sich auf keinen Fall entgehen lassen sollte. Hier befindet sich ein Teil der Privatkollektion des

Scheichs von Sharjah, Sultan bin Muhammad Al Qasimi, sowie eine in der Region einmalige Sammlung zeitgenössischer arabischer Kunst, die auf etwa 110 000 Quadratmetern Fläche gezeigt wird.

Besonders beeindruckend sind die von der Barjeel Art Foundation gesammelten modernen Werke in der ersten Etage des Museums. Die Stiftung hat es sich zur Aufgabe gemacht, die Werke zeitgenössischer Künstler aus dem Nahen Osten zu sammeln, zu bewahren und zu dokumentieren. Eine solche Vielfalt an Exponaten aus der Region ist wohl einmalig. Besonders beeindruckend sind auch die Geschichten der einzelnen Ausstellungsstücke und der Künstlerinnen und Künstler, die sie schufen.

Hier treffe ich die Kuratorin Suheyla Takeesh, an die ich viele Fragen habe.

Frau Takeesh, wie neu ist denn das Interesse an zeitgenössischer arabischer Kunst hier in Sharja?

Vor dem Jahr 2000 gab es nur sehr vereinzelt Kunstausstellungen. Seit 2006/2007 hat sich das schlagartig verändert, da haben Aussteller und Händler angefangen, ihren Blick zu weiten, hin zu Kunst, die nicht aus dem Westen stammt. Seitdem ist das Interesse da und nimmt beständig zu. Inzwischen wird auch die akademische Auseinandersetzung mit Kunst durch Stipendien gefördert. Man kann also sagen, dass hier seit bald knapp zwei Jahrzehnten eine komplett neue Kunstlandschaft bzw. ein komplett neuer Kunstmarkt entstanden ist.

Welche arabischen Künstler sollte man unbedingt kennen? Wer ist der arabische Gerhard Richter?

Jawad Salim (1919–1961), Shakir Hassan al-Said (1925–2004) aus dem Irak, die die Künstlervereinigung »Baghdad Group for Modern Art« gegründet haben. Die Ägypterin Inji Aflatoun (1924–1989), die nicht nur Künstlerin war, sondern auch Feministin und politische Aktivistin. Saloua Choucair (1916–2017) aus dem Libanon, die sich intensiv damit beschäftigt hat, klassische mathematische Erkenntnisse der islamischen Tradition in abstrakte Kunst zu übersetzen. Das sind nur einige der zentralen zeitgenössischen Künstlerinnen und Künstler.

Viele dieser Personen haben schon vor Jahrzehnten wichtige Werke geschaffen. In Europa kennen wir sie aber kaum.

Suheyla Takeesh

Das Schaffen der meisten Künstlerinnen und Künstler ist nicht besonders gut dokumentiert. Das Interesse zur Erfassung ist noch eine ganz neue Entwicklung. Es ist eine Herausforderung, dass wir das Leben und Arbeiten von Künstlerinnen und Künstlern, die nicht aus dem Westen, sondern aus der arabischen Welt stammen, in ebengleicher Weise aufzeigen. Das Bewusstsein, dass es nicht nur eine westliche Moderne gibt, sondern genauso eine Moderne im Nahen Osten und in anderen Teilen der Welt, ist noch recht neu. Da gibt es noch viel zu tun, und das macht einen großen Teil unserer Arbeit hier aus. Wir wollen dokumentieren, erfassen, analysieren, was zeitgenössische Künstler im Nahen Osten geschaffen haben.

Wie kann ich mir Ihre Arbeit vorstellen?

Ein Weg, der für uns inzwischen extrem hilfreich ist, geht über die sozialen Medien. Sie machen es uns oft überhaupt erst möglich, Künstler und Kunstwerke ausfindig zu machen. Wir veröffentlichen zum Beispiel einen Aufruf in sozialen Netzwerken, ob jemand etwas über den Verbleib, die Biografie und die Kunst eines bestimmten Künstlers weiß. Und dann melden sich sehr viele bei uns. Für uns sind soziale Medien ein großartiges Recherche-Instrument.

Wenn Sie dann Kunstwerke hierher holen, müssen die nicht selten restauriert werden, oder?

Ja. Häufig stammen Werke, die wir für die Stiftung erwerben, aus privatem Besitz, von Familien, die nicht wussten, wie man Kunstwerke lagern muss, um sie zu erhalten. Manchmal sind es Werke, die aus irgendwelchen Lagern oder Dachböden stammen, wo sie einfach rumlagen. So ist es gar nicht selten, dass die Artefakte mehr oder weniger stark beschädigt sind.

Wie gehen Sie dann vor?

Es kommt ganz drauf an. Wir haben hier zum Beispiel ein Werk der palästinensischen Künstlerin Tamam al-Akhal, es heißt »Sliman« und ist das Porträt eines Mannes in Gaza. Sie schuf es während des libanesischen Bürgerkriegs in ihrem Studio in Beirut, als eine Schrapnelle durch ihr Fenster schoss und das Werk stark beschädigte. Es bohrte ein Loch ziemlich genau in die Mitte des Bildes. Als es dann bei uns ankam, war unser erster Reflex, dass wir das Bild restaurieren wollten. Dann aber entspann sich eine Diskussion, ob das wirklich richtig wäre. Am Ende entschieden wir uns, die Ruptur so zu lassen, wie sie war, weil sie Teil der Geschichte des Bildes ist, und das gesamte Werk in Plexiglas zu erhalten.

Wie schwierig ist es, etwas über die Künstlerinnen und Künstler zu erfahren?

Das ist eine der größten Herausforderungen. Viele Künstlerinnen und Künstler, deren Werke wir zeigen, hatten ihre wichtigste Schaffenszeit in den 1950er- oder 1960er-Jahren. Das heißt, die, die noch leben, sind inzwischen weit über 80 Jahre alt, viele sogar über 90. Allein in den vergangenen beiden Jahren sind einige Künstler verstorben, die wir als führende Persönlichkeiten der Moderne in der Region betrachten. Deswegen kommt es uns häufig so vor, als würden wir uns in einem Wettlauf gegen die Zeit befinden. Dass wir jetzt mit denen, die noch leben, sprechen, ihre Arbeit sammeln, katalogisieren und erfassen müssen, bevor es zu spät ist.

Von hier aus geht es zurück zum Souk. Dort flanieren einheimische Frauen in der *Abaya*, an einer Straßenecke gibt es das wirklich sehr schöne Arabian Tea House. Hier lohnt es sich, eine kurze Pause einzulegen und ein Stück authentische einheimische Atmosphäre zu genießen. Dies kann man hier bei sehr gutem Essen (u. a. Emirati Seafood, Falafel Wrap) oder einem Kaffee wunderbar tun.

Auch wer eine Kugel Kamelmilcheis probieren möchte, ist hier richtig.

Vom Arabian Tea House aus kann man außerdem den Sonnenuntergang im Hafen genießen, bevor es zurück nach Dubai geht.

Ein wenig schade ist, dass das alte Fort, das vom Souk aus fast auf dem Weg liegt, leider in puncto Flair aus der Reihe fällt. Bevor man in

Werke internationaler und arabischer Künstlerinnen und Künstlern präsentiert das Sharjah Art Museum.

Sharjah damit begonnen hat, Geschichte und Tradition besonders zu pflegen, hat man hier um eines der ältesten Gebäude der Stadt hässliche Wohnblöcke hochgezogen. Das Fort selbst hat nahezu jegliche historische Anmutung verloren bis auf seine äußere Hülle. Hier gibt es Aufzüge, Klimaanlagen und leider wieder jede Menge Beton. Wer Zeit hat und hier ohnehin vorbeikommt, kann natürlich einen Blick hineinwerfen.

Vielfältige Kulturlandschaft

Weiter geht's zum etwas versteckten, aber sehr schönen Chedi al-Bait Hotel mit einem weiteren charmanten Café direkt an der Corniche bis zur al Zahra-Moschee mit ihrem beeindruckend reich verzierten Portal. Direkt dahinter befindet sich das sogenannte »Heritage Village« der Sharjah Art Foundation. Ein Gelände, das ständig weiterentwickelt wird, das von außen traditionell wirkt, in dem sich dann aber verschiedene Galerien befinden, die moderne Kunst zeigen. Installationen, Fotografien, Hologramme, die sich mit weltweit bedeutsamen Themen auseinandersetzen, wie etwa Rassismus oder Gleichberechtigung. Das, woran viele Projekte in Dubai regelmäßig scheitern, ist hier geglückt:

eine wirklich reizvolle Symbiose aus Tradition und Moderne, die zwar neu errichtet, aber dennoch anziehend ist.

Was sich zwischen 2009, als ich zuletzt in Dubai gelebt habe, und heute nicht geändert hat: Wenn nicht gerade ein Festival stattfindet, ist man in der Regel fast allein hier. Nur ganz wenige Touristen besuchen die Museen und Galerien, was ich tatsächlich bemerkenswert finde, weil hier mit großer Ernsthaftigkeit und Nachhaltigkeit eine Kulturlandschaft aufgebaut wird, die man so nirgendwo sonst in den VAE findet.

Je nach Jahreszeit – bzw. je nachdem, wie groß die Hitze ist – kann man von hier aus die Corniche weiter entlanggehen, bis man nach etwa 600 Metern den in einer eindrucksvollen traditionellen Halle untergebrachten Souk Jubail erreicht. Berühmt ist er vor allem wegen seiner Fischgeschäfte, tatsächlich aber gibt es hier viel mehr als Fisch und

Blaue Kacheln vor blauem Himmel: Eingang des Blue Souk

Meeresfrüchte. Obst und Gemüse aus der Region, zum Beispiel Mangos und Papayas aus dem Oman, werden hier in Hülle und Fülle angeboten. Einheimische Kunden prüfen ganz genau die Qualität des Angebots, ein paar wenige Touristen schlendern hindurch und machen Fotos. Draußen erstreckt sich der Blick über die zu einer Lagune hin geöffnete Meeresbucht. Prädikat: sehr sehenswert!

Schmuck aus blauen Kacheln

Auf der anderen Seite der Hauptstraße, die hier von der Flag Island, einem der Archipele, der sich an die Khalid-Lagune schmiegt, über eine Brücke in die Innenstadt führt, befindet sich der Blue Souk. Er besteht aus zwei Gebäuden, die durch Brücken miteinander verbunden sind. Der Name bezieht sich auf die blauen Kacheln, die ihn schmücken. Ich finde den Fischmarkt wegen der Vielfalt des exotischen Angebots sehr viel spannender als den Blue Souk mit seinen Bekleidungsgeschäften, aber die bereits in den 1970er-Jahren errichtete Mall macht mit ihrer im traditionellen Stil gehaltenen Architektur einiges her. Von hier aus kann man sich direkt nach dem Bummel ein Taxi zurück nach Dubai nehmen – oder den Tag noch ausklingen lassen mit einem Fruchtdrink im Central Souk Park direkt am Ufer mit Blick über die Stadt.

Was und wo?

Museum for Islamic Civilization
Neben gut 5000 Exponaten, die Besucher hier besichtigen können, erfährt man viel über die Geschichte der Religion und wissenschaftliche Entwicklung im Lauf der Jahrhunderte. So sind eine Weltkarte von 1099 und historische Schriften ausgestellt.
- Al Sharq, Al Nabba, www.sharjahmuseums.ae

Rain Room
Durch einen anhaltenden Regenguss zu gehen, ohne nass zu werden: Das ermöglicht die dauerhafte Installation eines Kunstkollektivs namens Random International im Rain Room der Sharjah Art Foundation.
- Al Sharq, Al Majarrah, www.sharjahart.orgsharjah-art-foundation/projects/rain-room

Sharjah Art Museum
Die historisch inspirierte Fassade des Museums lässt kaum erahnen, dass im Inneren zeitgenössische Malerei und Fotografie ausgestellt werden – von nationalen und internationalen Künstlerinnen und Künstlern.
- Arts Square, Al Shuwaihean, www.sharjahmuseums.ae

Heritage Village
Das Museum vermittelt seinen Besuchern eine umfassende Vorstellung von den verschiedenen Lebenswelten des vorletzten Jahrhunderts in den Emiraten.
- Al Shiokh, www.heartofsharjah.ae/sharjah-heritage-museum.html

Breite Gänge und große Auswahl im Souk Jubail

Blick über den al-Mureijah Art Square

Arabian Tea House

Auch hier in Sharjah ist das Teehaus sehr empfehlenswert: Spezialitäten aus der emiratischen Küche, vor allem gutes Seafood und Falafel.

- Souq Al Shanasiyah, Corniche Street, Al Merijah, www.arabianteahouse.com

Café im Chedi al-Bait Hotel

Charmantes Café direkt an der Corniche.

- Corniche Street 79, Al Shiokh, www.ghmhotels.com

Fatima Al Zahra Moschee

Die von islamischer Architektur inspirierte Moschee ist eine der größten in Sharjah.

- Corniche Street 57, Al Mareija

Blue Souk

Auch bekannt als Souk al-Markazi (Zentralmarkt) und das Haupteinkaufszentrum von Sharjah – mit mehr als 600 Geschäften, die Gold, Schmuck, Kleidung, Haushaltswaren und vieles mehr verkaufen.

- Sharjah Central Souq, Al Nud

Souk Jubail

Zweistöckiger riesiger Souk und der größte Frischwarenmarkt in den Emiraten.

- Corniche Street (gegenüber der Al Jubail Bus Station), www.souqaljubail.com

Typisch arabisches Gebäude mit Windfangturm

TIPPS

ÜBERNACHTEN

Chedi al-Baeit

Sehr zu empfehlen. Ein Hotel direkt im historischen und kulturellen Zentrum von Sharjah. Das Hotel ist im traditionellen Stil gehalten und bietet ruhige Innenhöfe mit Wasserspielen mitten in der Stadt.

- Heart of Sharjah, Corniche Street 79, Al Shiokh, www.ghmhotels.com

Sheraton Sharjah Beach Resort & Spa

Modernes Strandhotel mit allem Komfort, bis ins Kunst- und Kulturviertel von Sharjah sind es allerdings ca. 6 Kilometer. Das Hotel bietet einen Shuttle-Service an.

- Al Muntazah Street, Al Heerah Suburb, Al Muntazah, www.marriott.com

The Act Hotel

Hochhaus-Hotel im modernen Zentrum der Stadt mit tollem Ausblick auf Skyline und Meer.

- Waterfront, Corniche Street, Al Majaz, Al Majaz 1, www.theacthotel.com

Im schönen Innenraum des Museum of Islamic Civilization

DoubleTree Hilton

Schön gelegen am al-Majaz Park, modern und komfortabel. Wenn man die Hauptstraße überquert hat, kann man am Wasser bis zum Souk Jubail spazieren (ca. 2 Kilometer).

- Jamal Abdul Naser Street, Al Majaz, Al Majaz 2, www.hilton.com

Im Hadschar-Gebirge eröffnen sich immer wieder beeindruckende Ausblicke für Wanderer.

10

Ausflug an die Ostküste

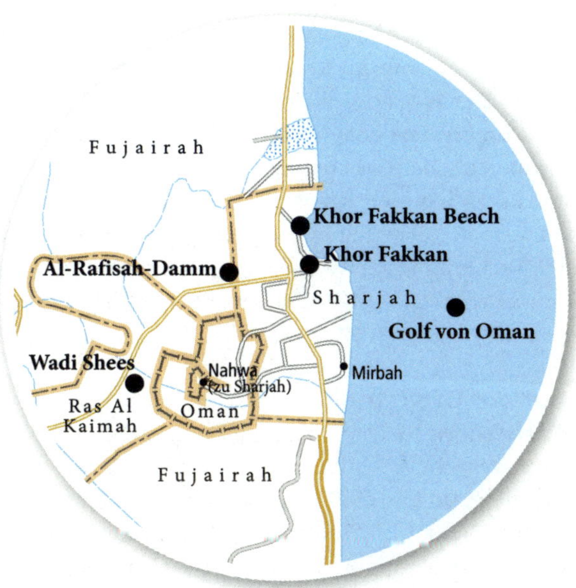

Faszinierende Natur, der höchste Berg der VAE und die Sandbucht von Khor Fakkan

Wanderwege durch Schluchten und entlang schroffer Gipfel

Wer die Natur liebt und zum Beispiel gern wandern geht, der findet ganz in der Nähe der großen Wolkenkratzer – entlang der Ostküste – faszinierende Berge und Ausflugsziele, die für eine wohltuende Abwechslung sorgen.

Für einige Ausflugsziele muss man längere Anfahrten einkalkulieren, die Spots sind nicht immer leicht zu finden, und eigentlich müsste man überlegen, eine Übernachtung einzubauen. Deswegen empfehle ich einen Tagesausflug von Dubai aus nach Khor Fakkan, der gut zu schaffen ist – wobei gilt: Der Weg an sich ist schon das Ziel.

Dieser Ausflug ist eine gute Gelegenheit, mit einem Mietwagen das Land zu erkunden. Die etwas nervige Verkehrssituation im Großraum Dubai hat man rasch hinter sich gelassen. Mein Tipp: diesen Ausflug an einem Freitag, dem freien Tag in den VAE, unternehmen. Dann ist auf den Straßen Richtung Khor Fakkan extrem wenig Verkehr, die Strecke ist in 1,5 Stunden zu schaffen, und das Fahren durch die abwechslungsreiche Landschaft macht richtig Spaß!

Hinaus aus der Großstadt

Aus der pulsierenden Metropole gelangt man rasch in die Sandwüste. Nach 20 Minuten geht diese dann über in eine Geröllwüste, in der vereinzelte Kamelfarmen und einige niedrige Bäume zu finden sind. Schon kann man am Horizont im Dunst die spitzen Berge des Hadschar-Gebirges, das sich vom Norden in den Osten des Oman zieht, ausmachen. Fast unvermittelt windet sich die Straße plötzlich bergauf, am Rand bieten Händler Wassermelonen und Bananen aus ihren aufgeklappten Kofferräumen an.

Das Hadschar-Gebirge erstreckt sich über fast 500 Kilometer, es rahmt den Golf von Oman halbkreisförmig ein und durchzieht am nördlichen Ende auch die Vereinigten Arabischen Emirate. Das Gebirge weist einige Besonderheiten auf. So gibt es anders als bei den meisten anderen Bergketten keine sogenannten »Vorgebirge«. Das heißt, die Berge tauchen recht unvermittelt auf, und so kann man das auch auf der Fahrt von Dubai nach Khor Fakkan beobachten. Es handelt sich um schroffe Gebirgsmassive, die immer wieder neue Blicke auf Schluchten und kleine Farmen freigeben, deren Betreiber auf dem Boden zwischen den spitzen Bergen offenbar genügend Wasser gefunden haben, um hier etwas anbauen zu können.

Die höchsten Erhebungen erreicht das Gebirge im Oman mit einer Höhe von knapp 3000 Metern.

Der höchste Berg der VAE, der Djebel Yibir, liegt am nördlichen Ende des Hadschar-Gebirges im Emirat Ras al-Khaimah und ist 1727 Meter hoch. So gut die Emirate touristisch erschlossen sind, so wenig hatte man offenbar lange eine vor allem westliche Besuchergruppe im Blick: Wanderer und Bergsteiger. Denn die Berge im Osten der VAE haben richtig viel Potenzial und bieten wirklich tolle Wanderwege.

Nach einer Stunde Fahrt – zuerst durch die Wüste, dann durch das Hadschar-Gebirge – erreicht man Wadi Shees. Die Autobahn ist hervorragend ausgebaut, die entsprechende Abfahrt gut ausgeschildert. Zuerst führt sie zum Shees Park. Hier ist am Wochenende eine Menge los. Der Park ist ein Hotspot für Tagesausflügler – vor allem Einheimische, Inder und Pakistani, die sich in dem schön angelegten Park in großer Zahl zum Barbecue treffen. Familien tragen riesige Kühlbehälter in den Park, Frauen- und Männergruppen sitzen häufig separat voneinander.

Bestes Klima für Pflanzen und Tiere

Für die, die in der Natur sein und wandern wollen, wird es interessant, wenn sie noch etwas Strecke zurücklegen. Die Straße macht noch ein paar Windungen und führt weiter ins Tal. Danach beginnt der »Wadi Shees Nature Trail«. Er führt im Schatten der beeindruckenden Berge an einem Bewässerungskanal entlang, mit dem hier seit Jahrhunderten Landwirtschaft betrieben wird. Tatsächlich sollen Teile der Bewässerungsanlagen, die in den Hadschar-Bergen errichtet wurden, bis zu 3000 Jahre alt sein. Shees ist ein in den VAE einmaliger Ort, denn hier herrscht ein ganz besonderes Mikroklima. Durch die Höhenlage und die Berge wird es hier nie so heiß wie in anderen Landesteilen. Die Höchsttemperatur im Sommer liegt hier bei gerade einmal 33 °C. Zudem ermöglicht das Quellwasser aus den Bergen das Gedeihen einer großen Vielfalt an Pflanzen und Tieren, die man hier beobachten kann. Der Weg führt auch vorbei an traditionellen Häusern, auf Tafeln kann man mehr zu Geschichte und Tradition der Region erfahren. Der »Wadi Shees Nature Trail« ist ein einfacher Wanderweg, für den man 30 bis 45 Minuten einplanen sollte.

Von Wadi Shees aus geht es dann weiter Richtung Khor Fakkan, vorbei an Schluchten und spitzen Gebirgskämmen. Auf dem Weg liegt noch der Al-Rafisah-Damm, ein Stausee, der sehr schön zwischen den Bergen gelegen ist – leider wird der Ausblick durch eine Reihe von Hochleitungsmasten verschandelt. Wer Zeit und Lust hat, kann hier dennoch kurz anhalten und den Blick von der Aussichtsterrasse an der Schnellstraße genießen. Viele Ausflügler mieten sich zudem Tretboote, mit denen sie über den Stausee fahren.

Auf der letzten Strecke nach Khor Fakkan geht es durch mehrere hochmoderne Tunnel, bevor sich der Blick auf die Hafenstadt und den Golf von Oman öffnet.

Khor Fakkan kann wegen seiner vorteilhaften geografischen Lage auf eine lange Geschichte zurückblicken. 1580 als »Chorf« in den Aufzeichnungen venezianischer Kaufleute erwähnt, bauten hier später die Portugiesen ein Fort. 1737 eroberten zunächst die Perser Chor Fakkan, bevor der Ort dann ab 1765 zum Emirat Shardja gehörte – bis auf eine kurze Episode (1903–1952) bis heute. Khor Fakkan präsentiert sich heute als moderne, ruhige und schön gelegene Stadt, die über einen wichtigen Hafen, aber auch einen sehr hübschen Strand verfügt.

Panoramawanderung am Indischen Ozean

Khor Fakkan liegt an einer weit geschwungenen Bucht am Indischen Ozean, direkt hinter der Küstenlinie mit dem breiten Strand erheben sich die schroffen Gipfel des Hadschar-Gebirges. Ein Panorama, das sich am besten genießen lässt bei einer Wanderung ausgehend vom al-Rabi-Turm, einem 1915 errichteten Wehrturm. Der Berg selbst ist 395 Meter hoch – also nicht sonderlich hoch – und daher für fast jeden gut zu schaffen. Es ist schon Mittag, als ich mich auf den Weg Richtung Gipfel mache. Im November ist es nicht allzu heiß. Im Sommer ist das natürlich anders. Die gesamte Strecke ist knapp drei Kilometer lang, hin und wieder kommen mir ein paar Touristen entgegen, aber insgesamt ist wenig los. Auf dem Gipfel angekommen, habe ich einen weiten Blick über die Sandbucht von Khor Fakkan, den Hafen und auf das Hadschar-Gebirge.

Nach einer halben Stunde mache ich mich auf den Rückweg.

Badesachen sollte man einpacken, denn anschließend lohnt sich noch der Ausflug an die schöne Badebucht von Khor Fakkan.

Es gibt eine Strandpromenade, an der man sich auch etwas zu essen besorgen kann. Das Wasser ist wie in Dubai badewannenwarm. Aber anders als am Persischen Golf riecht hier die Luft tatsächlich salzig und nach Meer.

Der Berg ruft! Gut ausgebaute Wege im Hadschar-Gebirge

Was und wo?

Wadi Shees

Nahe der kleinen Siedlung wurde kürzlich ein Naturpark (Wadi Shees Park) eröffnet, der vor allem bei Familien beliebt ist. Es gibt neben einem Restaurant diverse Grill- und Picknickmöglichkeiten, Spielplätze und Aussichtspunkte, von denen man einen tollen Blick ins Hadschar-Gebirge hat. Ausblicke in die Umgebung hat man ebenfalls bei einer kleinen Wanderung auf dem ca. 2 Kilometer langen Wadi Shees Nature Trail, der ins Shees-Tal hinein an alten Steinhäusern und durch Dattelplantagen vorbeiführt.

- www.visitsharjah.com/activities/nature/wadi-shees

Al-Rafisah-Damm

Der Damm, der das aus dem Hadschar-Gebirge kommende Wadi Shees staut, wurde in den 1980er-Jahren gebaut und bietet mittlerweile eine große touristische Infrastruktur – sowie Heimat für zahlreiche einheimische Flora und Fauna.

- www.visitsharjah.com/activities/nature/al-rafisah-dam

Khor Fakkan

Die Hafenstadt liegt am Golf von Oman, ist umgeben vom Emirat Fujairah, gehört aber als Exklave zum Emirat Sharjah. Die Uferpromenade wurde aufwendig gestaltet, und der neue Souk mit seinen imposanten Windtürmen lohnt ebenfalls einen Besuch.

- www.visitsharjah.com/regions/east-coast/khorfakkan

TIPPS

WEITERE WANDER-/ AUSFLUGSZIELE:

Hatta

Man erreicht Hatta, eine Exklave Dubais, über eine vierspurige Straße, die durch eine atemberaubende Dünenlandschaft am Fuß des Hadschar-Gebirges führt. Die berühmteste Düne in dieser Region ist die sogenannte *Big Red*, etwa 50 Kilometer von Dubai entfernt. Big Red ist knapp 300 Meter hoch, für den Aufstieg im Sand in der Hitze braucht man ein wenig Kondition. Der Ausblick über das Dünenmeer ist dann die Belohnung. Vor allem am Wochenende kann es am Big Red aber auch recht laut und voll werden, wenn die Einheimischen mit ihren Jeeps die Düne rauf- und runterheizen. Hatta selbst befindet sich mitten im Hadschar-Gebirge und ist von Gipfeln und Tälern umgeben, in denen man hervorragend wandern kann. Manchen der Täler und Wadis kann man bis zur Grenze zum Oman folgen, hinweg über Sandpisten und felsige Abschnitte. Ein beliebtes Ausflugsziel befindet sich hinter dem Hatta-Damm, eines der größten Gewässer in Hatta. Eingerahmt ist alles von einer rauen Felsenlandschaft mit einem atemberaubenden Panoramablick. Hier kann man auch auf wilde Tiere treffen, wie etwa die scheue arabische Sandkatze.

Am al-Rabi-Turm in Khor Fakkan

Ras al-Khaimah

Auch am und beim höchsten Berg der VAE in Ras al-Khaimah, dem nördlichsten der Vereinigten Arabischen Emirate, finden Wanderer viele Wege und sogar Mountainbiker interessante Pisten.

Al-Ain / Jebel Hafith

Wer noch etwas weiter durch die VAE fahren möchte, dem kann ich noch einen Ausflug in die Oasenstadt al-Ain und zu einem der höchsten Berge der Emirate, dem Jebel Hafeet (1350 Meter), empfehlen. Die Fahrt von Dubai aus in die Stadt dauert knapp zwei Stunden und führt (natürlich) durch die Wüste. Al-Ain gehört zu Abu Dhabi und liegt an der Grenze zum Oman. Es ist die größte Stadt in den VAE ohne eigenes Emirat.

Die Stadt zeichnet sich vor allem durch ihre grünen Gebiete aus, sie wird auch »Gartenstadt des Arabischen Golfs« genannt. Der Jebel Hafeet befindet sich am Rande der Stadt, eine moderne Straße windet sich den Berg hinauf, und fast auf der Spitze befindet sich das Hotel Mercure Grand Jebel Hafeet. Das Hotel scheint etwas in die Jahre gekommen, bietet aber einen eindrucksvollen Blick über die Terrasse und den Pool auf die Wüste.
Fazit: tolle Eindrücke während der Fahrt durch die Wüste. Der Ausblick vom Berg ist ebenfalls beeindruckend.

Beliebtes Fotomotiv Sheikh-Zayed-Moschee

11

Reicher Nachbar Abu Dhabi

Die größte Moschee der VAE, der arabische Louvre und ein Hotel wie aus 1001 Nacht

Reich an Öl und Geschäftsreisenden: Abu Dhabi

In Dubai gibt es so viel zu sehen und zu unternehmen – warum dann also noch zusätzlich nach Abu Dhabi fahren? Ganz einfach: Weil die Hauptstadt der VAE nochmal mit einer ganz anderen Atmosphäre und ganz anderen Höhepunkten aufwartet.

Lange Zeit schaute Abu Dhabi etwas auf das Glitzeremirat Dubai herab. Zu grell, zu rastlos, zu konsumorientiert. Hinzu kommt: Im Vergleich zu Abu Dhabi ist Dubai nur ein kleiner Fisch. In vielerlei Hinsicht. Rein geografisch macht das Emirat Abu Dhabi etwa 80 Prozent der Landfläche der VAE aus. Dubai aber nur ca. fünf Prozent. Und wohl noch viel wichtiger: Abu Dhabi ist das mit weitem Abstand reichste Emirat. Neun Prozent der weltweit bekannten Ölreserven lagern hier.

Als ich 2007 in die VAE kam, war mein »Sponsor« der National Media Council mit Sitz in Abu Dhabi. Das hieß für mich, dass ich regelmäßig hierherfahren musste, zum Beispiel um meinen VAE-Führerschein zu beantragten, meine Emirates-ID (so etwas wie der Personalausweis für alle hier gemeldeten Personen), meine Krankenversicherung und noch einiges mehr.

Blick auf die Skyline von Abu Dhabi

Abu Dhabi vor rund 14 Jahren war ein ziemlich langweiliger, unspektakulärer Ort. Kurz zuvor hatte zwar das Super-Luxushotel Emirates Palace seine Pforten geöffnet – ein erster Versuch, auch Abu Dhabi mit einem Superlativ in die weltweite Aufmerksamkeit zu befördern. Aber das war es auch schon. Ansonsten reihte sich entlang der Corniche ein gesichtsloses und wenig luxuriöses Wohnhochhaus ans andere.

Abu Dhabi heute ist eine andere Stadt. Wenn ich von Dubai aus nach Abu Dhabi fahre, fällt mir auf, dass es im Gegensatz zum Glitzeremirat mit seinen vielen verschiedenen Clustern einen Innenstadtbereich gibt, und zwar das zumeist rechtwinklig angelegte Straßennetz südlich der Corniche. Hier schlendere ich von einer Schischa-Bar zu einem Barber-Shop und sehe Menschen indischer oder pakistanischer Herkunft, dazwischen Einheimische in ihrer *Kandura*.

Ein gänzlich anderes Stadtbild

Das Publikum ist ein gänzlich anderes. Man sieht weniger Touristen als in Dubai, Abu Dhabi wird noch immer vor allem von Geschäftsreisenden geprägt. Außerdem trifft man hier wesentlich mehr Einheimische als in Dubai. Eine Tagestour nach Abu Dhabi ist zeitlich ohne Probleme möglich. Man fährt von einer Stadt zur anderen etwa 1,5 Stunden auf der Autobahn. Eigentlich durch lebensfeindliche Wüste, aber über weite Strecken sieht man links und rechts der Autobahn riesige Landstriche, auf denen mit großem Aufwand versucht wird, Bäume zu pflanzen. Bei manchen Abschnitten handelt es sich um militärische Anlagen, andere gehören der Herrscherfamilie.

Die Sheikh-Zayed-Moschee liegt am Stadteingang von Abu Dhabi unweit der Autobahn. Ihre weißgoldenen Kuppeln, die im Sonnenlicht hell leuchten, tauchen schon auf, kurz nachdem ich den heutigen Stadtrand Abu Dhabis passiert habe. Der Strand ist gesäumt von hochmodernen Immobilienprojekten, die scheinbar Dubai nacheifern oder Konkurrenz machen sollen.

Ich erinnere mich an Besuche in anderen Moscheen im Nahen Osten, der Ommayyaden-Moschee in Damaskus etwa, oder der al-Azhar in Kairo. Diese altehrwür-

HÄTTEN SIE'S GEWUSST

Sheikh-Zayed-Moschee

- Grundfläche: 224 x 174 Meter
- Höhe der Minarette: 107 Meter
- Kuppeldurchmesser: 32,2 Meter
- Gewicht des Teppichs im Innenraum: 47 Tonnen
- Größter Kronleuchter: 10 Meter Durchmesser, 15 Meter Höhe
- Geschätzte Baukosten: ca. 550 Millionen US-Dollar
- Bietet Platz für etwa 40 000 Gläubige

digen Moscheen befinden sich inmitten der jeweiligen Altstädte. Bis zur Damaszener Ommayyaden-Moschee muss man zu Fuß eine gute Strecke durch einen Souk und enge Gassen zurücklegen. Die Sheikh-Zayed-Moschee aber liegt am Stadtrand, keine Altstadt weit und breit, dafür kann ich meinen Wagen bequem direkt vor dem Eingang in der Tiefgarage parken. Hier sieht alles aus wie in einer Einkaufsmall. Auch hinter dem Eingang wirkt es zunächst alles andere als religiös oder spirituell, sondern in der Tat: Vor die Moschee haben die Planer eine Einkaufsmeile gesetzt. Hier könnte ich wieder Plüschkamele kaufen oder erst einmal einen Coffee to go trinken. Die eigentliche Moschee beginnt erst, wenn man den Gang hinuntergelaufen ist. Weil ich nicht schon zuvor ein Online-Ticket gekauft habe, muss ich mich hier über das Moschee-WLAN einwählen und registrieren. Der Zugang selbst ist kostenlos.

Auf dem langen Weg in die Moschee

Jetzt kann ich den Eingangsbereich zum Moscheegelände, der unterirdisch ist, betreten. Bis zur Moschee selbst ist es nun noch immer ein ziemlich weiter Weg. Hinter der Sicherheitskontrolle beginnt der sogenannte »Tolerance Path«, der »Weg der Toleranz«, den ich bis zum eigentlichen Sakralbau beschreiten muss. Er zeigt unter anderem muslimische Gelehrte und emiratische Herrscher gemeinsam mit anderen Persönlichkeiten, Politikern und Religionsführern.

Auch Königin Elisabeth II. und der Papst sind hier vertreten.

Wer nicht gut zu Fuß ist, sollte sich vor seinem Besuch um einen Platz in einem der E-Wagen oder sogar einen Rollstuhl kümmern. Der Wagen bringt einen dann direkt zu der Rolltreppe, mit der der Vorplatz unmittelbar vor dem Bau erreicht wird. Das leuchtende Weiß der Moschee ist beeindruckend, und ich denke kurz an Deutschland und das oft regnerische Wetter, das sehr schnell dazu führen würde, dass ein derlei weißes Gebäude verschmutzt wirkt. Dieses hier nicht. Die Sheikh-Zayed-Moschee ist mit einer Fläche von etwas mehr als 22 000 Quadratmetern die größte Moschee der VAE. Im Ranking der größten Moscheen der Welt

Wahrzeichen Abu Dhabis: die Sheikh-Zayed-Moschee

nimmt sie aber nur einen mittleren Platz ein. Zum Vergleich: Die große Moschee von Mekka kommt auf eine Gesamtfläche von mehr als 350 000 Quadratmetern und die erst kürzlich eröffnete große Moschee von Algier auf mehr als 200 000 Quadratmeter. Einige der größten Moscheebauten konnte ich auf meinen Reisen im Nahen Osten besuchen – so neben der in Algier die ebenfalls gigantische Hassan-II.-Moschee in Marokko oder die al-Saleh Moschee im Jemen. Dazu muss man sagen, dass die riesigen Flächen sich häufig durch die sehr großen Innenhöfe der Moscheen erklären, also nicht durch die eigentlichen Gebäude. Zudem ist die Architektur gerade der Moschee-Neubauten nicht immer sehenswert. Der gigantische Moschee-Neubau in Algier etwa hat eher die Anmutung eines Flughafenterminals und ist bis auf die riesigen Ausmaße nicht besonders sehenswert. Die Sheikh-Zayed-Moschee hingegen bietet mit ihrer stilvollen Architektur und dem andächtigen Ambiente einen wirklich bereichernden Gegenpunkt zu vielen anderen Sehenswürdigkeiten in den VAE.

Daher: Die Sheikh-Zayed-Moschee ist für mich als Dubai-Urlauber etwas ganz Besonderes, und man sollte sich einen Besuch nicht entgehen lassen. 1,5 bis 2 Stunden sollte man für den Aufenthalt einplanen und entsprechend früh starten, wenn man in Abu Dhabi noch mehr sehen will – das Emirates Palace und den Louvre zum Beispiel.

Von der Tiefgarage der Sheikh-Zayed-Moschee aus verlasse ich das Gartengelände um die Moschee herum und fahre auf der Schnellstraße in Richtung Corniche. Mir fällt auf, wie weitläufig die Stadt angelegt ist, mit viel weniger Hochhäusern und mehr frei stehenden Villen und

Bürogebäuden als Dubai. Das ändert sich, je näher man dem Innenstadtkern kommt. Da bekommt die Stadt mit ihren Hochhausfluchten und den reißbrettförmig angelegten Straßen ein wenig die Anmutung einer US-amerikanischen Großstadt. Entlang der Corniche stehen dicht gedrängt Apartmenthäuser und auch einige neue Bürotürme, etwa das Hochhaus des Abu Dhabi Staatsfonds, mit einem Vermögen von mehr als 697 Milliarden Dollar einer der reichsten Staatsfonds der Welt und beteiligt an zahlreichen Firmen im Westen, auch in Deutschland.

Herrschaftliche Eingangskuppel

Das Emirates Palace befindet sich von der Moschee aus kommend am Ende der Straße. Ich fahre von einem Kreisverkehr aus auf das Gelände. Auch hier kann ich den Wagen in einer Tiefgarage direkt vor einem der Eingänge abstellen. Weil es aber gerade nicht allzu heiß ist, gehe ich nicht sofort hinein, sondern entscheide mich für den Weg von außen zur Hotellobby, die eindrucksvolle Treppe hinauf, an der sich ein Wasserspiel befindet. Nur wenige Schritte hinter dem Eingang eröffnet sich die Lobby mit der prachtvollen Kuppel. In dem Lobby-Café kann man – natürlich etwas überteuert – bei einem Kaffee oder Tee die vielen Menschen internationaler Herkunft beobachten, die hier ein- und ausgehen.

Wenn man den Blick in der Halle nach oben zur Kuppel richtet, kann man hin und wieder dunkel gekleidete Gestalten an der obersten Brüstung ausmachen. Es handelt sich dabei um Bodyguards, die die achte Etage bewachen. Denn die darf niemand betreten – außer den Mitgliedern einer der Herrscherfamilien aus den Golfstaaten und deren Entourage. Ein paar Dinge über die sogenannten »Herrscher-Suites« aber sind bekannt: Sie sind jeweils

HÄTTEN SIE'S GEWUSST

Emirates Palace

- Fassadenlänge: 1,4 Kilometer
- Bebaute Fläche: ca. 1 Million Quadratmeter
- Anzahl an Aufzügen: 102
- Baukosten: Schätzungsweise 3 Milliarden Dollar
- Zahl der Überwachungskameras: ca. 1000
- Zimmer: 394
- Anzahl an Kronleuchtern: 1002

knapp 700 Quadratmeter groß und jederzeit bezugsfertig – auch wenn sich wohl die meiste Zeit des Jahres die »Ruler« gar nicht hier aufhalten. Wer im achten Stock absteigt, muss nicht auf »normalem« Weg durch das Hotel. Für die royalen Gäste gibt es eine separate Auffahrt bis zum fünften Stock,

> *wo die Limousinen auf einem roten Teppich ankommen und es anschließend mit einem Extraaufzug weitergeht in die oberste Etage.*

Hier ist alles so üppig überladen mit Gold und Marmor, wie es der lokalen Vorstellung von Luxus entspricht.

Unterwegs im französischen Viertel

Nach einem Lachs-Sandwich und einem Kaffee fahre ich weiter, die Corniche wieder hinunter, Richtung Saadiyat Island. Gegenüber der breiten Autobahn befindet sich Maryah Island, eine in Dubai-Manier neu aufgeschüttete Insel mit Hochhäusern, Malls und Luxus-Hotels. Dahinter wirkt alles noch wesentlich unfertiger, mit einigen noch unbebauten Flächen und Baustellen, auch wenn sich hier in den kommenden Jahren die letzten Lücken schließen sollen. Ich folge den Schildern Richtung Louvre und stelle fest, dass es sich hier offenbar bereits um eine Art französisches Viertel von Abu Dhabi handelt – und das nicht wegen der Architektur. Ich biege auf die Jacques Chirac Street ein, und ein Schild weist auf ein französisches Restaurant hin. Meinen Wagen stelle ich auf dem Besucherparkplatz des Louvre ab. Es ist früher Nachmittag unter der Woche, außer mir haben sich nur ein paar Menschen hierher verirrt.

Phänomenale Verbindung von Klassik und Moderne

2007 vereinbarten Frankreich und die VAE eine auf 30 Jahre angelegte Zusammenarbeit, die auch die Errichtung eines Kunstmuseums umfassen sollte. Der Louvre Abu Dhabi ist vor allem wegen seiner außergewöhnlichen Architektur ein Hingucker. Das gesamte Gelände wirkt ästhetisch sehr geglückt. Entworfen wurde der Komplex vom französischen Architekten Jean Nouvel, einem der bedeutendsten Architekten des Landes, der schon länger eine stilistische Verbindung zum Orient hat. So hat Nouvel früh in seiner Karriere das Institut du monde arabe in Paris entworfen. In Abu Dhabi wollte er klassische arabische Elemente mit modernen Einflüssen verbinden. Die traditionelle Erscheinung arabischer Altstädte mit ihren verwinkelten Gassen habe ihn inspiriert, den Komplex aus 55 Quaderelementen entsprechend anzuordnen. Das sieht von der Promenade vor dem Eingang des Louvre spektakulär aus.

Architektonischer Höhepunkt ist aber sicherlich die Kuppelkonstruktion aus Metallsternen, durch die Licht und Schatten auf die Wasserfläche, mit der das Innere mit dem offenen Meer verbunden ist, geworfen werden.

Ich setze mich, bevor ich die Ausstellung besuche, lange auf einen der hellen Quader am Rand der kleinen Bucht gegenüber der Kuppel und lasse die Architektur auf mich wirken. Das Emirates Palace mag beeindruckend sein wegen seiner Opulenz, der Louvre in Abu Dhabi aber ist tatsächlich ein inspirierendes Gebäude.

Die Kooperation zwischen Frankreich und den VAE sieht vor, dass der Louvre in Abu Dhabi Leihgaben aus französischen Museen erhält, die Franzosen außerdem Wechselausstellungen organisieren und das Museum in den VAE beim Aufbau einer eigenen Kunstsammlung unterstützen. Das alles natürlich nicht aus reinem Altruismus: Die Emirate zahlen dafür fast eine Milliarde Euro an französische Museen. Die Ausstellung selbst rückt für mich demgegenüber fast ein wenig in den Hintergrund. Zumal wenn man schon mal im »echten« Louvre in Paris war oder einem der anderen großen europäischen Museen. Die Sammlungen dort umfassen eine breit angelegte historische Palette von der Antike bis in die Neuzeit.

Die Sammlung des Louvre Abu Dhabi konzentriert sich auf die Zeit von der Antike bis zum 21. Jahrhundert. Beim Pariser Vorbild reicht die Zeitspanne bis ca. 1850. Zu den seit 2009 erworbenen Kunstwerken gehören zum Beispiel die Skulptur einer Prinzessin aus Baktrien aus dem 3. Jahrtausend v. Chr., die eine Art wollenes Kostüm trägt, oder eine Statue eines Bodhisattva aus der Region Gandhara in Pakistan, ein Buddhakopf aus weißem Marmor aus der chinesischen Dynastie der Nördlichen Qi. Schauen Sie einmal auf die wirklich gut gestaltete Website des Louvre (www.abudhabilouvre.ae). Dort finden Sie zu vielen Exponaten ausführliche Beschreibungen sowie Videos oder Podcasts. Aus Europa sind im Louvre u. a. Giovanni Bellini (um 1436–1516, »Jungfrau mit Kind«), Édouard Manet (1832–1883, »Stillleben mit Tasche und Knoblauch«) und Paul Gauguin (1848–1903, »Kämpfende Jungen«) vertreten.

Insgesamt habe ich knapp zwei Stunden im Museum verbracht. Wenn ich mich jetzt am Nachmittag auf den Weg zurück nach Dubai mache, lande ich mit Sicherheit im dichten Feierabendverkehr.

Um das zu vermeiden, treffe ich mich noch mit einer befreundeten Journalistin auf einen Fruchtdrink im Hotel Shangri-La, von wo aus man einen traumhaften Blick auf die Sheikh-Zayed-Moschee und die Stadt hat – auch, wenn das bedeutet, dass ich nochmal den ganzen Weg zurück durch die Stadt fahren muss. Aber das ist ja eine Erfahrung, die man in den Emiraten, egal ob Tourist oder Resident, macht: die vielen langen Wege und Autofahrten. Am frühen Abend fahre ich dann zurück und schaffe es in etwas mehr als einer Stunde zurück zur Dubai Marina.

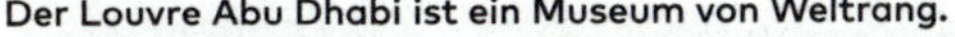
Der Louvre Abu Dhabi ist ein Museum von Weltrang.

Was und wo?

Sheikh-Zayed-Moschee

Eine Moschee wie aus dem Bilderbuch, deren schneeweiße Kuppeln und Türme weithin sichtbar leuchten.

- Sheikh Rashid Bin Saeed Street, 5th Street, www.szgmc.ae/en

Emirates Palace Hotel

Abu Dhabis berühmtestes Hotel ist nicht nur eine Luxusunterkunft der Superlative, sondern gleichzeitig auch Gästehaus der Regierung der Emirate.

- Corniche Road West, www.emiratespalace.com

Louvre Abu Dhabi

Stararchitekt Jean Nouvel entwarf mehrere Gebäude im futuristisch-arabischen Stil, allesamt vereint unter einer gewaltigen, lichtdurchlässigen Kuppel.

- Saadiyat Cultural District, www.louvreabudhabi.ae

TIPPS

SEHENSWERTES

Mangroven Kajak-Tour

Schon bei der Anfahrt nach Abu Dhabi entlang der Küstenautobahn kann man die weitläufigen Mangrovenfelder sehen, die sich in und um Abu Dhabi befinden. Verschiedene Veranstalter bieten Kajak-Touren durch diese Naturzonen an, die einen ganz anderen Eindruck von Abu Dhabi vermitteln als die der modernen Metropole. Im Winter ganztägig, ansonsten eher am frühen Morgen oder abends zu empfehlen, da es ansonsten auf dem Wasser extrem heiß und schwül werden kann.

Saadiyat Island Beach

Der Strand auf Saadiyat Island gilt als einer der schönsten der VAE. In der Tat erscheint der Sand hier besonders hellweiß und das Meer türkisfarben. Der größte Teil des Strandes ist allerdings auch hier privat und gehört zu den Hotels. Aber auch der öffentliche Strand ist schön und sehr gepflegt. Wer also bei seinem Abu-Dhabi-Ausflug noch Zeit und Lust für eine Badepause hat, dem sei ein Abstecher zum »Saadiyat Island Beach« empfohlen.

Bani Yas Island

Sir Bani Yas ist eine Insel im Emirat Abu Dhabi, die ca. 250 Kilometer südwestlich der Stadt liegt. Also nicht eben um die Ecke, vor allem nicht für »Dubai-Urlauber«. Daher ist ein Ausflug nach Bani Yas schon eher für diejenigen gedacht, die wirklich etwas Besonderes suchen oder schon sehr viel in den VAE gesehen haben. Aber es lohnt sich! Denn auf der etwas mehr als 70 Quadratkilometer, großen Insel befindet sich ein in der Region einmaliges Naturschutzgebiet, mit einer Pflanzen- und Tierwelt, die es so in der Wüste sonst kaum gibt. Unter anderem gibt es auf der Insel die größte Herde von arabischen Oryxantilopen. Auf die Insel gelangt man mit der Fähre ab Ruwais auf dem Festland. Aber grundsätzlich ist zu empfehlen, einen Ausflug über einen Tourenanbieter zu buchen, denn um an einer Safari auf der Insel teilzunehmen plus An- und Abfahrt ist das wesentlich einfacher und preisgünstiger, als es auf eigene Faust zu versuchen. Ab Dubai bieten einiger Veranstalter auch die Anreise mit einem Wasserflugzeug oder Helikopter an – dann wird es aber natürlich sehr kostspielig.

ÜBERNACHTEN

Interconti Abu Dhabi

Ein Klassiker. Eines der ältesten Hotels der Stadt, dafür hervorragend gelegen, mit einer wunderschönen Gartenanlage.

- King Abdullah Bin Abdulaziz Al Saud Street, Al Bateen, www.ihg.com

Four Seasons Maryah Island

Modernes Hochhaus im Herzen des neuen angesagten Viertels Maryah Island. An das Hotel schließt sich eine Reihe besonders beliebter Restaurants und eine Flaniermeile direkt am Wasser an. Der Rooftop-Pool bietet einen Blick auf den Persischen Golf.

- Abu Dhabi Global Market Street, Jazeerat Al Maryah, Abu Dhabi Global Market Square, www.fourseasons.com/abudhabi

ESSEN & TRINKEN

Auch Abu Dhabi bietet natürlich inzwischen eine immense Vielfalt an kulinarischen Angeboten. Ich kann sehr empfehlen:

Seafood Catch at St. Regis

Sehr gutes Fischrestaurant direkt an der Corniche. Abends kann man am besten draußen sitzen auf der großzügig gestalteten Terrasse.

- Nation Riviera Beach Club, Corniche Road, Al Khubeirah, Opp Nation Towers, www.catchatthestregis.com

Shang Palace im Shangri-La

Hervorragendes chinesisches Essen. Großartiger Blick auf die Sheikh-Zayed-Moschee.

- Qaryat al-Beri, al-Khor Street, www.shangpalaceparis.com

Fast wirkt es wie eine Fototapete: Emiratis beim Abendessen vor der Hochhaus-Ansammlung Dubais

12

Ausgehen in Dubai

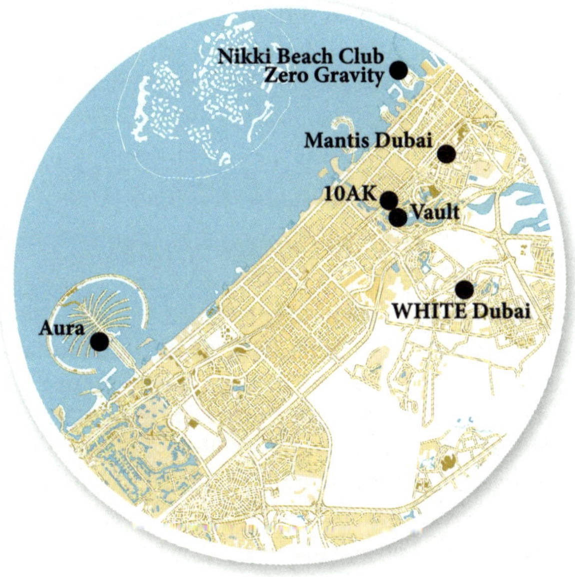

Jacht-Parties, Beachclubs, Rooftop-Bars und der ständige Reiz des Neuen

Nachtleben der Extraklasse

Die lauen Abende und Nächte und die schier unerschöpfliche Zahl an besonderen Locations machen das Nachtleben in Dubai unwiderstehlich. Ein paar Regeln sollte man trotzdem unbedingt im Hinterkopf behalten.

Eng verknüpft mit den spektakulären Bauprojekten sind die Ausgehmöglichkeiten des Emirats – die häufig ähnlich aufsehenerregend und besonders sind. Eines der Dinge, die ich besonders schön finde, wann immer ich in Dubai bin, sind die warmen Abende, die man am Meer, im Park oder im Restaurant verbringen kann. Wenn es dunkel wird, kann man zusehen, wie sich das Leben plötzlich von den klimatisierten Räumen nach draußen verlagert. Plätze und Straßen füllen sich mit Menschen.

Solche warmen Abende sind selten in Deutschland, in Dubai sind sie normal.

Und die Orte, an denen man das genießen kann, sind zahlreich. Viele Hotels haben sogenannte Rooftop-Bars, an den Marinas und Promenaden reiht sich ein Café, eine Bar, ein Restaurant ans nächste. Und angesagte Locations wechseln im Wochenrhythmus. Manche schließen, andere eröffnen – was es auch so schwierig macht, an dieser Stelle etwas zu empfehlen. Ich beschränke mich auf ein paar »Klassiker«, die mir Bekannte empfohlen haben. Sicher ist es aber am besten, vor Ort die Ohren aufzuhalten oder nachzufragen, was vielleicht gerade neu oder »in« ist.

Tipps von einem, der es wissen muss

So bunt, vielfältig und verführerisch das Nachtleben in Dubai sicherlich ist, ich bin nicht gerade ein ausgewiesener Experte auf diesem Gebiet. Deshalb spreche ich mit Christian Römer, der seit fünf Jahren in Dubai lebt und für die Tourismusbehörde arbeitet.

Dubai ist ja trotz aller Modernität ein arabisches und islamisch geprägtes Land. Was bedeutet das im Hinblick auf Ausgehen und Nachtleben? Wie westlich ist Dubai wirklich?

Es gibt hier eine unglaublich große Zahl an Nachtclubs, Bars und Restaurants, die »lizensiert« sind, also Alkohol ausschenken dürfen. Früher befanden sich solche Orte fast ausschließlich in Hotels. Das ist jetzt nicht mehr so. Heute gibt es einige Bars und Restaurants, die eine Lizenz haben, aber in keinem Hotel sind. Aber einige Dinge sind gleichzeitig klar: Alkohol sollte man in Dubai nicht auf offener Straße konsumieren. Und Autofahren nach einem Drink geht natürlich gar nicht. Wenn man abends weggeht, etwas trinkt, aber mit dem eigenen Auto unterwegs ist, gibt es hier eine App, die nennt sich »ZOFEUR«. Darüber kann man einen Fahrer buchen, der einen später mit dem eigenen Wagen wieder nach Hause fährt.

Wie viel hat Dubai an Nachtleben zu bieten?

Ich würde sagen: mehr als die meisten westlichen Städte. Denn hier gibt es zum einen all die typischen Nachtclubs, dann eine riesige Zahl an Bars und Restaurants. Aber daneben auch noch die sogenannten »Beachclubs«, die es in solcher Zahl in Deutschland nicht gibt. Außerdem gibt es Parties auf Jachten, die man buchen kann. Die Auswahl ist daher sehr groß, und besonders bei den Jacht-Parties ist es einfach, neue Bekanntschaften zu machen, da die Gruppen oft bunt gemischt sind.

Dubai verändert sich wahnsinnig schnell.

Absolut. Zum Beispiel das Barasti in der Marina. Das war früher der angesagteste Club besonders für Touristen in Dubai. Heute spricht davon keiner mehr. In Dubai gibt es so eine Grundhaltung, dass wenn man einmal irgendwo war, man eigentlich nicht nochmal hingeht, einfach um immer etwas Neues auszuprobieren. Nur wenn etwas ganz außergewöhnlich war, geht man vielleicht ein zweites Mal hin. Das Angebot ist hier enorm, die Qualität entsprechend gut, daher ist man schon ein wenig verwöhnt, wenn man ausgeht, da man weiß, dass man gute Qualität bekommt.

Stand jetzt: Was können Sie empfehlen?

Ausgehwilligen kann man das White empfehlen, das nicht direkt in der Stadt liegt, sondern in Meydan. Das ist ein riesiger Club unter freiem Himmel. Außerdem das One Oak, wobei Oak für »Of a kind« steht. Und das Mantis. Da bekommt man an Tänzern, Outfits, Kostümen schon etwas Spektakuläres geboten. Da ist richtig was los.

Wie ist das mit Türsteher-Policy in Dubai?

Es ist entspannter als in Europa. Man sollte schon entsprechend gekleidet sein, also Männer nicht unbedingt in kurzer Hose und Flipflops. Aber ansonsten kommt man eigentlich überall rein. Ich habe noch nie beobachtet, dass es irgendwo Stress gab. Vielleicht liegt das auch daran, dass ja fast alle entweder Touristen oder Expats sind.

Und wohin geht man, wenn man abends nur was trinken möchte?

Auf jeden Fall der Skypool im Aura auf der Palm, das allerdings inzwischen Monate im Voraus ausgebucht ist. Außerdem die Vault Bar im JW Marriott Marquis, das ist sehr klassisch mit einem tollen Blick auf Burj Khalifa.

Das heißt, man muss schon lange vor Urlaubsantritt reservieren?

Bei manchen Locations schon, im Aura auf jeden Fall. Aber ganz grundsätzlich gilt, dass man in Dubai immer reservieren sollte, wenn man essen gehen will und nicht spontan irgendwo hingeht. Gerade in den gehobeneren Kategorien. Wenn man in der Marina oder auf der Palm unterwegs ist, findet man sicher auch etwas ohne Reservierung, gerade wenn man nur etwas trinken gehen will. Es kann jedoch dann sein, dass die gewünschte Location keinen Platz mehr hat, wenn man nicht reserviert hat und zum Dinner einkehren will.

Und die Beachclubs?

Es gibt mittlerweile sehr viele Beachclubs. Besonders zu empfehlen ist der Nikki Beach Club Zero Gravity. Auch da sollte man in jedem Fall vorher buchen. Und dann sind da noch die Jachten. Man kann entweder für sich eine einzelne Jacht buchen, oder man löst ein Ticket für eine der Partys auf den Jachten. Die fahren dann vor der Dubai-Skyline auf und ab und haben zum Teil noch Jetskis dabei. Das macht schon eine Menge Spaß. Und man lernt dabei viele neue Leute kennen. Die Partys auf den Jachten finden in verschiedenen Zeitfenstern statt, tagsüber, aber natürlich auch abends.

Goldene Abendstunde

Wo gibt's das Ticket?

Hier funktioniert eigentlich alles über Whatsapp. Man schickt einfach kurz eine Nachricht und schreibt, wann man kommen will. Dann erhält man einen Bezahl-Link und ist dabei.

Was ist mit Desert Parties?

Die sind erstaunlicherweise gar kein so großes Thema. Hier ist natürlich die Anreise erstmal eine Herausforderung, da ich ja nicht mit dem Taxi in die Wüste fahren kann. Der Heimweg wäre dann entsprechend lange, da die Desert Camps ca. 40 Minuten von Dubai Stadt entfernt sind. Also als Partylocation nicht ganz geeignet, aber wenn man mit einem Anbieter die Wüste erkundet und es dort Barbecue und Unterhaltung gibt, ist das schon toll. Da wird man dann allerdings mit einem Jeep im Hotel abgeholt und auch wieder nach Hause gebracht.

Wie sieht es mit dem Dresscode aus?

Alles und nichts! Es gibt nichts, was ich noch nicht gesehen habe. Tagsüber gilt hier der Grundsatz: Knie und Ellenbogen bedeckt. Aber abends in den Bars und Beachclubs sieht das ganz anders an. Frauen ziehen hier an, was sie möchten.

TIPPS

BARS / LOUNGES

The Rooftop Bar
Ein Klassiker, besonders beliebt bei Ausländern – vor allem auch aus anderen arabischen Ländern. Daher sieht man hier viele junge Menschen, die Wasserpfeife rauchen. Der gesamte Komplex ist im Stil eines arabischen Palastes gehalten. An manchen Abenden auch Livemusik.
- One & Only Royal Mirage, King Salman Bin Abdulaziz Al Saud Street, Dubai Marina, www.oneandonlyresorts.com

The Penthouse Rooftop Dubai
Gelegen in der 16. Etage ist The Penthouse Rooftop sowohl ein Tagesclub als auch eine Abend-Lounge. Neben dem spektakulären Ausblick auf die Palm Island sind die beiden glasumrandeten Swimmingpools ein Markenzeichen.
- No 1 Palm Jumeirah, www.thepenthouse.co/dubai

»Level 43«: Drinks in schwindelerregender Höhe

Lookup Rooftop
Hier treffen sich abends viele Expats, die in der nahe gelegenen Dubai Financial City arbeiten. Das Besondere des Lookup: der Ausblick auf den Burj Khalifa, der auch abends sehr sehenswert ist.
- Al Multaqa Street, La Ville Hotel & Suites CITY WALK, www.marriott.com

Level 43 Rooftop
In 155 Metern über der Sheikh Zayed Road hat man einen 360-Grad-Ausblick über Dubai. Bekannt ist das Level 43 auch für das Sushi, das hier serviert wird, und die DJs, die hier live auflegen.
- Four Points by Sheraton, Sheikh Zayed Road, www.level43lounge.com

Cielo Skylounge
Das Besondere am Cielo ist nicht die außergewöhnliche Höhe der Location wie bei anderen Rooftop-

Bars, sondern die Lage am Creek mit der dahinter liegenden gesamten Dubai-Skyline. Das klinische Weiß des Dekors ist nicht sehr gemütlich, sieht aber chic aus.

- Dubai Creek Resort, Port Saeed, www.hyattrestaurants.com

Treehouse

Auf der Dachterrasse des Taj Dubai Hotel gelegen, bietet das Treehouse viele Grünpflanzen für ein Baumhausgefühl und allerlei plüschige Möbel. Auf jeden Fall eine Inneneinrichtung, an die man sich erinnert. Das Restaurant ist bekannt für seine vietnamesischen Frühlingsrollen und emiratische Pommes frites mit Zaatar.

- Taj Dubai, Burj Khalifa Street, www.tajhotels.com

Studio Club & Rooftop

Auf dem Dach der einer arabischen Altstadt nachgeahmten Madinat kann man hier bei einem herrlichen Blick auf den Burj al-Arab den Abend ausklingen lassen. Hier trifft sich eine bunte Mischung aus Touristen und Expats aus aller Welt.

- Souk Madinat Jumeirah, Al Sufouh, www.studioclubdxb.com

Fluid Beach Club

Der Fluid Beach Club lockt mit einem lang gestreckten Pool und der Poleposition direkt an Strand und Meer – und einem einzigartigen Food-Truck, der zum Aushängeschild des Clubs geworden ist.

- West Palm Jumeirah, Crescent Road, The Palm Jumeirah, www.th8palmdubai.com/fluid-beach-club

Nikki Beach

Nikki Beachclubs gibt es in Thailand, Ibiza oder Marbella und seit 2016 auch in Dubai. Nach dem Willen von Geschäftsmann Jack Penrod, der die Kette gründete, sollen die Menschen hier das Leben feiern – damit will er an seine Tochter Nicole Penrod erinnern, die bei einem Autounfall ums Leben kam. Die Gäste lassen sich in der Mehrzahl als Hipster beschreiben, die Atmosphäre ist elegant, aber nicht ganz ungezwungen.

- Pearl Jumeirah, www.dubai.nikkibeach.com

Barasti

Oldie but goldie – so kann man das Barasti inzwischen beschreiben. Es ist jedenfalls einer der ältesten Beachclubs in Dubai, zieht aber nach wie vor vor allem an den Wochenenden die Massen an.

- Le Meridien Mina Syahi Beach Resort & Marina, Dubai Marina, www.instagram.com/barastibeach

Buddha Bar
Seit Jahren ein Dauerbrenner in Dubai und immer gut besucht. Gäste sind häufig auch Mitarbeiter der nahe gelegenen Media City und Internet City sowie zahlreiche Expats, die in der Marina leben.

- Grosvenor House Dubai, Al Emreef Street, www.buddhabar-dubai.com

Zero Gravity
Essen, entspannen oder tanzen – das Zero Gravity am östlichen Ende von JBR bietet mit seinem 39 Meter langen Pool, dem Restaurant und der Lounge-Atmosphäre jede Menge Abwechslung.

- Dubai Marina, Skydive Dubai Drop Zone, King Salman Bin Abdulaziz Al Saud Street, www.0-gravity.ae

CLUBS

White
Das White ist sicherlich einer der derzeitigen Party-Hotspots der Stadt. Die Lage: spektakulär. Es liegt auf dem Dach der Haupttribüne des Meydan Racecourse und bietet abends häufig Live-Unterhaltung mit Musik, Lichtshows und einer jungen, internationalen Partygemeinde.

- Meydan Racecourse, Nad El Sheba 1; www.whitedubai.com

1OAK (Club)
Das 1OAK will ein bisschen vom Feierfieber New Yorks nach Dubai bringen – jedenfalls wirbt der Club mit dieser Zielvorgabe. Das 1OAK ist chic, jung und etwas elitär. In einer futuristisch anmutenden Einrichtung werden hier regelmäßig Live-Acts geboten.

- JW Marriott Marquis Hotel, Business Bay, Dubai, www.1oak-dubai.com

ESSEN & TRINKEN

Zuma
Ein derzeit besonders angesagtes japanisches Restaurant. Sehr schick gestaltet mit sehr guter moderner Küche. Zuma ist dabei Teil einer internationalen Restaurantkette mit Sitz in London, die 2002 gegründet wurde.

- Gate Village 06, Podium Level, Al Mustaqbal Street, www.zumarestaurant.com

White Orchid
Gehobene asiatische Küche in einer exquisiten und gleichzeitig gemütlichen Atmosphäre. Einziger Minuspunkt: liegt etwas abseits in Jebel Ali, und man braucht ein paar Minuten länger für Hin- und Rückweg.

- Mina Jebel Ali, Jebel Ali Freezone, www.jaresortshotels.com/dubai

Al-Mahara Burj al-Arab
Das wohl beste Fisch- und Meeresfrüchte-Restaurant des Emirats in spektakulärem Ambiente. Während man die erstklassigen Speisen und Weine genießt, schwimmen in dem riesigen Aquarium in der Mitte des Raumes tropische Fische an einem vorbei.

- Burj al-Arab Jumeirah, Jumeirah Street, www.jumeirah.com/de/dine/dubai

At.Mosphere Burj Khalifa
Unschlagbar ist natürlich die Lage des Restaurants: Im Burj Khalifa, im 122. Stock. Der Ausblick ist so überwältigend, dass man fast Schwierigkeiten hat, sich aufs Essen zu konzentrieren. Auf der Karte steht eine Auswahl an Klassikern aus aller Welt, wie Wagyu-Gerichte, Foie gras oder Trüffel-Kreationen. Hochpreisig und vorzüglich.

- Burj Khalifa – 122nd Floor – Downtown Dubai, www.atmosphereburjkhalifa.com

The Pierchic
Auch hier ist die Lage das Besondere: Auf einem Steg ins Meer hineingebaut, kann man hervorragende mediterrane Küche genießen und anschließend noch durch die Madinat Jumeirah bummeln.

- Al Qasr, Madinat Jumeirah, Al Sufouh Road, www.jumeirah.com/en/dine/dubai

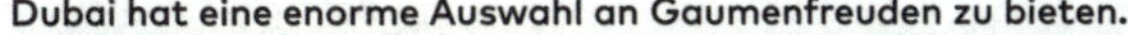

Dubai hat eine enorme Auswahl an Gaumenfreuden zu bieten.

Sand und Dünen, so weit das Auge reicht

Und noch mehr Dubai

Das lohnt sich außerdem

Sie haben nun meine Lieblingsorte in Dubai kennengelernt. Darüber hinaus gibt es jedoch noch einige weitere Sehenswürdigkeiten, die Sie nicht verpassen sollten.

EID-FESTE

Eid-Feste, islamische Feiertage, finden jedes Jahr zweimal statt, einmal als Eid al-Adha und Eid al-Fitr. Eid al-Fitr bedeutet »Fest des Fastenbrechens«, beendet den Fastenmonat Ramadan und dauert drei Tage. Das viertägige Eid al-Adha wird später im Jahr gefeiert und folgt der Pilgerreise nach Mekka, der Hadsch. Das Datum hängt jeweils von den Mondphasen ab, daher gibt es wechselnde Termine.

Während der Eid-Feste gibt es überall in Dubai besondere Aktionen, Livemusik, traditionelle Tanzdarbietungen, andere Showeinlagen und vor allem: viel Kulinarisches.

FALCON AND HERITAGE SPORTS CENTRE

Falknerei ist seit Jahrhunderten Teil der Geschichte der Emirate und spielt nach wie vor eine wichtige Rolle in der Region. Bei einem Besuch im Falcon and Heritage Sports Centre erhält man interessante Einblicke in das emiratische Kulturerbe und erfährt mehr über den Symbolwert dieser majestätischen Greifvögel. Die Anlage umfasst ein Falkenmuseum, das kostenlose Führungen anbietet, diverse Geschäfte für Falknerei-Zubehör sowie eine tierärztliche Klinik, in der Besitzer ihre verletzten Vögel behandeln lassen können.

- Muscat Street
  Nad Al Sheba 1, Dubai
  www.visitdubai.com/de/places-to-visit/falcon-and-heritage-sports-centre

GALERIEN AN DER ALSERKAL AVENUE

Unter den vielen Kunst-Hotspots Dubais präsentieren die rund 20 an der Alserkal Avenue gelegenen Galerien die Avantgarde der regionalen und jungen Kunstszene besonders eindrucksvoll. In einem eher unscheinbaren Lagerhauskomplex im Industrieviertel al Quoz haben auf rund 46 000 Quadratmeter über 60 Kulturbetriebe wie zeitgenössische Kunstgalerien, Non-Profit-Organisationen, Stiftungen, private Sammlungen, Gemeinschaftsprojekte und Gastronomie eine Heimat gefunden. In der multifunktionalen Ausstellungshalle Concrete finden regelmäßig Veranstaltungen unterschiedlichster Art statt.

- 17th Street (Alserkal Avenue)
  Al Quoz 1, Dubai
  www.visitdubai.com/de/places-to-visit/alserkal-avenue, https://alserkalavenue.ae/en/index.php

MUSHRIF PARK

Sightseeing in Dubai ist anstrengend. Wer eine Pause braucht, kann sich im Mushrif Park niederlassen, der bei Familien besonders beliebt ist – wegen seiner Spielplätze und des Hochseilgartens, aber auch wegen der zahlreich vorhandenen Grill- und Picknickplätze. Überdachte Swimmingpools bieten Abkühlung und Entspannung. Vogelfreunde können hier einige im Nahen Osten beheimatete Arten wie Graudrosslinge, Gelbkehlsperlinge und Streifen-Zwergohreulen beobachten.

- Al Khawaneej Street
  Mushrif, Dubai

SHEIKH SAEED AL MAKTOUM HOUSE

Das Gebäude strahlt in neuem Glanz und beherbergt ein schönes Museum. Hervorzuheben sind die

Nacht der Brettspiele in der Alserkal Avenue

vielen Schwarz-Weiß-Fotografien ehemaliger Herrscher und Aufnahmen von den staubigen Straßen aus den 1950er-Jahren – welch ein Kontrast zum heutigen Stadtbild! Alte Münzen, die ersten Geldscheine und seltene Briefmarken – darunter eine zum arabischen Muttertag – vervollständigen eine große Sammlung historischer Dokumente. Wer sich für arabische Architektur des vergangenen Jahrhunderts interessiert, findet in den mit authentischem Baumaterial hergerichteten Mauern interessante Details.

- Al Khaleej Road, al-Fahidi, Dubai

Ausflug

OMAN

Die Möglichkeiten, von den VAE mal eben eines der anderen Länder der Golfregion zu besuchen, sind etwas limitiert. Wer Bahrain oder Katar besuchen möchte, der muss auf jeden Fall für die kurze Strecke einen Flug nehmen, denn auf dem Landweg müsste man Saudi-Arabien durchqueren, und das ist Visa-technisch sehr aufwendig. Das einzige Land, das man mit dem Auto problemlos und in recht kurzer Zeit erreichen kann, ist der Oman. Zum einen im Norden der VAE wie geschildert nach Musandam. Aber auch der »Hauptteil« des Landes mit der Hauptstadt Maskat ist in etwa vier Autostunden von Dubai aus zu schaffen.

Über den Oman muss man natürlich nochmal einen ganz eigenen Reiseführer schreiben, aber weil Dubai doch so nah dran ist an diesem wirklich beeindruckenden Sultanat, will ich es hier zumindest ein wenig ausführen – für die, die vielleicht auch einen etwas längeren Ausflug auf sich nehmen möchten oder sogar eine Nacht außerhalb Dubais verbringen wollen.

Das Sultanat Oman zählt mit Sicherheit zu den schönsten Zielen, die ich bisher bereisen durfte. Es ist so ganz anders als die Golfstaaten, in denen man die Spuren der Geschichte ja doch ein wenig suchen muss und die sich gerade im Zeitraffertempo in die Moderne katapultieren. Der Oman blickt hingegen auf eine reiche Geschichte zurück, die bis heute überall sichtbar ist. Gleichzeitig hat sich das Land nur behutsam der Moderne geöffnet. Hinzukommt eine landschaftliche Vielfalt und Schönheit, die außergewöhnlich ist. Vom schon erwähnten »Norwegen Arabiens«, der Fjordlandschaft in Musandam, bis hin zu den nebelgrünen Bergen des »Mawsam al-Khareef« bei Salalah: Der Oman bietet atemberaubende landschaftliche Schönheit. Im Nordosten des Landes erreicht die Bergkette mit dem Dschebel Shams auf ca. 3000 Metern ihre höchste Erhebung. Heiße Quellen, Oasen, alte Forts.

Und schließlich noch die selbst für arabische Verhältnisse außergewöhnliche Freundlichkeit und Gastfreundschaft. Der Oman ist ein traumhaftes Reiseziel. Von daher: Wer die Möglichkeit hat, den Urlaub zu verlängern, der möge dies unbedingt tun.

Die Hauptstadt Maskat kommt mit ihrem Erscheinungsbild einer Klischee-Vorstellung von 1001 Nacht schon recht nahe. Goldene Kuppeln und orientalische Paläste, die sich zwischen malerischen Buchten und Palmenhainen befinden.

Kurz erwähnt sei nur ein weiteres echtes Highlight der gesamten Region, nämlich die Stadt Salalah im Süden des Oman und das umliegende Gebirge. Alljährlich wird diese Gegend von den Ausläufern des Monsum erreicht, die hier viel Niederschlag bringen und die gesamte Region in eine grüne Gartenlandschaft mit Wasserfällen, Blumenwiesen und Kuhweiden verwandeln. Es wirkt dann bisweilen so, als sei man irgendwo in den Alpen und nicht am Rande der Arabischen Wüste. Gleichzeitig wachsen in den Niederungen Mangos und Papayas, die Händler in großer Zahl an der Küstenstraße anbieten. Die großzügige Stadt mit einem riesigen Sultanspalast strahlt eine wunderbare Gelassenheit und Gastfreundlichkeit aus. Aber: Salalah ist mehr als nur ein kleines Ausflugsziel. Von Dubai gibt es kurze Direktflüge, ansonsten muss man mit dem Wagen eine große Entfernung durch Gebirge und Wüste zurücklegen. Das ist kaum zu empfehlen, wenn man nicht wirklich großen Unternehmungsdrang und Abenteuerlust während seines Dubai-Urlaubs verspürt.

Schöner Weitblick über die Hauptstadt des Oman, Maskat

Dubai von A–Z

ANKUNFT

Die meisten Flieger aus Europa landen am späten Abend bzw. in der Nacht. Wenn man dann am Morgen aufwacht, ist es in der Regel schon taghell, und die Sonne strahlt vom Himmel. Denn im Sommer wie im Winter wird es sehr früh hell. Im Juli zum Beispiel geht die Sonne schon gegen 5:40 Uhr auf, aber auch im Dezember schon um kurz vor 7 Uhr. Wer also den wirklich atemberaubenden Sonnenaufgang erleben will, muss sich rechtzeitig den Wecker stellen. Am längsten sind die Tage im Juni, Juli und August, dann ist es länger als 13 Stunden hell. Die Dämmerung ist kurz. Im Juli geht die Sonne gegen 19:15 Uhr schon unter, im Januar kurz vor 18 Uhr.

AUTOSTADT DUBAI

Dubai ist inzwischen eine Weltstadt, die Sehenswürdigkeiten, Strände und Ausflugsziele sind über das gesamte Gebiet des Emi-

Vielspurige Rushhour entlang der Wolkenkratzer

rats verstreut. Was zu einer in Dubai sehr relevanten Frage führt: Wie komme ich von A nach B?
Am liebsten würde ich schildern, wie man durch Dubai schlendert, von Sehenswürdigkeit zu Sehenswürdigkeit, sich zwischendurch in ein Café setzt und mit Einheimischen ins Gespräch kommt.
Nur: So funktioniert das in Dubai nicht. Die Stadt erstreckt sich mittlerweile auf einer Ausdehnung von 80 x 30 Kilometern. Je nachdem, wo man seine Unterkunft gebucht hat, ist man entweder nah am Strand oder nah am alten Stadtkern oder irgendwo dazwischen. Zu irgendeiner Sehenswürdigkeit hat man es dann zwangsläufig weit.

HÄTTEN SIE'S GEWUSST

Straßennamen? Unwichtig!
Eine Besonderheit der arabischen Welt gilt auch in Dubai: Man orientiert sich an »Landmarks«, also markanten Gebäuden oder sonstigen Kennzeichen in der Nähe des Ziels. Taxifahrern gegenüber klingt das in etwa so: »Das Büro ist hinter der Moschee mit der blauen Kuppel« oder »Nehmen Sie die Abfahrt neben den drei hochgewachsenen Palmen«. Sehr ungewohnt für unser ausgeprägtes Ordnungsbedürfnis.

Hinzukommt: Dubai ist eine Autostadt. Für jede Entfernung setzt sich der Einheimische oder Resident ins Auto – weil es bisweilen auch gar keine Möglichkeit für Fußgänger gibt, Ziele einfach zu erreichen. Früher konnte man Urlauber problemlos daran erkennen, dass sie sich schwitzend in der prallen Sonne auf Gewaltmärsche entlang mehrspuriger Autobahnen begeben hatten mit dem Ziel … ja welches eigentlich? Denn die nächste Mall oder der Burj waren ja noch 15 Kilometer entfernt.

Hier und da hat sich die Lage für Fußgänger inzwischen etwas gebessert, einfach weil Menschen offenbar doch mal den Wunsch haben, ein paar Schritte zu Fuß zu gehen. Aber das betrifft eher einzelne in sich geschlossene Viertel, etwa am Marina Walk. Es wurden in den vergangenen Jahren sogar Radwege angelegt, aber hier gilt, was früher für Fußgänger galt: Es sind in der Regel hochmotivierte Touristen, die bei 38 Grad in der Sonne mit dem Rad durch die Dubai Marina fahren und nicht die Expats und Einheimischen, die nach wie vor mit dem Auto unterwegs sind.

Aber es gibt doch einen ÖPNV,

Zwischen 2002 und 2008 wuchs Dubai wie keine andere Stadt der Welt.

mag der schon informierte Reisende jetzt sagen. Und ja, das stimmt. Die Dubai Metro ist ein toller Ansatz, Menschen aus dem Individualverkehr hin zu einer umweltfreundlichen und nervenschonenden Alternative zu bewegen. Aber: Für viele Menschen (mich damals eingeschlossen) kam und kommt das nicht in Frage, weil die nächste Metro-Station oftmals mehrere Kilometer entfernt vom Wohnort liegt und die einzige Möglichkeit, sie zu erreichen, ist – natürlich: das Auto. Einzig zur Palm, JBR und zur Media City wurden zusätzliche Tram-Linien gebaut, die als Zubringer zur Metro fungieren. Aber eben nur da. Und die vielen Buslinien sind eben nicht so gut abgestimmt und ebenfalls häufig so lückenhaft, dass die Reise von A nach B zur Mammut-Aufgabe wird.

Kurzum: Man fährt Auto. Touristen auch. Taxen sind ständig überall verfügbar.

DUBAI-ZAHLEN

Dubai ist einer der sieben Teilstaaten der Vereinigten Arabischen Emirate (VAE). Es ist das größte Emirat in Bezug auf die Einwohnerzahl von mehr als neun Millionen und das zweitgrößte in Bezug auf die Fläche hinter Abu Dhabi. Die anderen fünf Emirate sind: Abu Dhabi, Sharjah, Ajman, Umm al-Quwein und Fujairah.

Die VAE schneiden im globalen Vergleich hervorragend ab, was Wohlstand und Entwicklung angeht. 2020 betrug das Bruttoinlandsprodukt 358,87 Milliarden US-Dollar, im sogenannten »Human Development Index« belegen sie Platz 33. Klar, das geht in erster Linie zurück auf die Bodenschätze: Öl und Gas. Aber auch Handel und Tourismus tragen inzwischen maßgeblich zum Wohlstand bei. Wobei der ausgesprochen ungleich verteilt ist. Das mit Abstand reichste Emirat ist Abu Dhabi, weil hier die meisten Rohstoffreserven lagern. Es folgt Dubai. Die anderen Emirate dagegen sind alles andere als traumhaft reich.

Jedes Emirat hat seine eigene Regierung. In Dubai herrscht die Familie al-Maktoum. Die Bilder des Scheichs sind allenthalben auf großen Tafeln und Plakaten in der Stadt zu sehen, etwa am Rande der Autobahnen. Die Regierung der VAE besteht aus dem Herrscherhaus von Abu Dhabi.

Einwohner
Dubai: 3 355 000 (2019)
VAE: 9 503 000 (2019)

Bevölkerungswachstum:
Dubai: 5,67 % (2019)
VAE: 1,45 % (2019)
(zum Vergleich: Deutschland 0,2 % [2020])

Bruttosozialprodukt pro Kopf:
59,844 US $ (2019, weltweit Rang 14)

Religion: (Stand 2010)
Muslime: 76 %
Christen: 13 %
Hindus: 7 %
Buddhisten: 2 %

Lebenserwartung:
76,1 Jahre (2020, weltweit Rang 61; zum Vergleich: Deutschland: 81,7 Jahre, weltweit Rang 20)

FOTOGRAFIEREN

Militärische Einrichtungen dürfen nicht fotografiert werden. Bei öffentlichen Gebäuden oder Herrscherpalästen sollte man die Wache um Erlaubnis bitten. Auch Einheimische sollten vorher gefragt werden, muslimische Frauen möchten in aller Regel nicht fotografiert werden

KLEIDUNG

Im Winter ist es sinnvoll, einen leichten Pullover für die Abende einzupacken. Und sowohl im Sommer wie im Winter gilt: Die Hotels und Restaurants werden durch Klimaanlagen teils sehr runtergekühlt. Auch wenn es – besonders in den Wintermonaten – sehr heiß werden kann, sollten die islamischen Kleidersitten akzeptiert werden: Außerhalb der Hotels tragen Männer lange Hosen. Frauen meiden Kleidung, die eng, knapp, kurz oder gar durchsichtig ist. Auch wenn der Eindruck entstehen könnte, dass in Dubai lockere Sitten herrschen und leicht bekleidete Passanten geduldet werden, ist es stets angenehmer und dem Gastland gegenüber höflicher, die in den Vereinigten Arabischen Emiraten üblichen Vorstellungen und Sitten zu respektieren und den allgemein üblichen Gepflogenheiten zu folgen.

MEDIZINISCHE VERSORGUNG UND APOTHEKEN

Die ärztliche Versorgung in Dubai ist sehr gut, die Ärzte sprechen Englisch. Behandlungen von Touristen sind kostenpflichtig. Schließen Sie eine Auslandsreisekrankenversicherung ab.

Apotheken gibt es in allen Stadtteilen und großen Einkaufszentren Dubais, sie führen alle gängigen Medikamente, teils günstiger als in Europa.

MIETWAGEN

Mietwagen? Kann man machen, ob das aber entspannter und schneller ist, würde ich bezweifeln. Das Fahren ist sicherlich auch eine interessante kulturelle Erfahrung. Denn genauso wie in anderen Bereichen des Lebens, wo hier Menschen aus aller Herren Länder und Kulturen zusammenkommen, so ist das auch auf der Straße der Fall. Da trifft der Westeuropäer, der sich streng an Verkehrsregeln hält und das auch von anderen erwartet, auf den indischen Autofahrer aus Kerala, der eventuell gar nicht versteht, warum rechts überholen und dann schnell nach links ziehen ein Problem darstellen könnte.

Sich einen Wagen zu mieten ist vielleicht nicht die beste Idee, um Dubai zu erkunden, aber eine ausgezeichnete, um einen Tagesausflug – etwa an die Ostküste oder nach Abu Dhabi – zu unternehmen. Im ganzen Land sind die Straßen hervorragend ausgebaut, man ist flexibler, und der Verkehr ist außerhalb Dubais in der Regel auch weniger stauanfällig. Auch für einen Ausflug in die Berge lohnt sich ein Mietwagen.

RAMADAN

Bei der Reiseplanung berücksichtigen sollte man unbedingt den muslimischen Fastenmonat Ramadan. Während dieser Zeit steht das Leben tagsüber still. Wer also mehr in Dubai unternehmen möchte, als sich am Strand zu bräunen, wird in dieser Zeit Schwierigkeiten haben. Essen und Trinken sind dann in der Öffentlichkeit tagsüber nicht erlaubt. In den Hotels werden Bereiche, in denen Touristen trotzdem Nahrung verzehren, mit Schiebewänden oder Vorhängen abgetrennt. Die genauen Daten des Ramadan wechseln in jedem Jahr, da sie vom Mondzyklus abhängen.

REISEZEIT

Perfekte Reisezeit ist der europäische Winter, wenn in Dubai sonniges, warmes, aber nicht zu heißes Wetter herrscht.

Von Juni bis August ist es in Dubai so heiß, dass sich selbst die überzeugtesten und hitzeresistentesten Sonnenanbeter nicht lange im Freien aufhalten können. Natürlich sind die Preise dann erheblich niedriger als zu anderen Reisezeiten, aber dafür sind die Möglichkeiten, etwas zu unternehmen, auch deutlich eingeschränkt. Man kann sich eigentlich nur drinnen aufhalten. Das Meer hat Badewannentemperatur und erfrischt nicht, Ausflüge in die Wüste tagsüber sind nicht zu empfehlen, und Touren durch die Stadt im Freien fallen eigentlich aus. Es bleiben: Malls, kurze Aufenthalte im Pool.

In den Übergangszeiten Februar bis Mai und September bis November ist bei durchschnittlich 7 Regentagen im Jahr ebenfalls nicht mit viel Abkühlung zu rechnen, aber man kann bei durchschnittlich 27 °C schon deutlich mehr unternehmen.

SPRACHE

Die VAE sind ein arabisches Land, und Arabisch ist die Amtssprache. Aber im Alltag braucht man es eigentlich so gut wie nie. Alles findet auf Englisch statt, und auch so gut wie alle Einheimischen sprechen ein exzellentes Englisch, eine große Zahl hat im Ausland studiert. Es ist im Gegenteil eher so, dass man Gelegenheiten, Arabisch zu sprechen, suchen muss. Als »resident« hat man dazu immerhin bei Behördengängen ab und an die Möglichkeit – was auch tatsächlich mit einer gewissen Achtung wertgeschätzt wird. Als Tourist wird man kaum mit Arabisch konfrontiert – außer bei den zweisprachigen Durchsagen am Flughafen. Selbst viele der Händler in den Souks sind keine Araber (Einheimische schon mal gar nicht), sondern stammen aus Indien oder Pakistan.

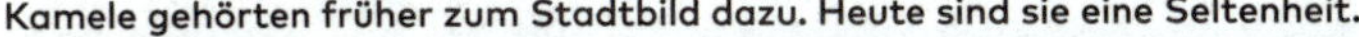

Kamele gehörten früher zum Stadtbild dazu. Heute sind sie eine Seltenheit.

Mini-Dolmetscher Arabisch

th = hartes englisches th
dh = weiches englisches th
ch = wie in Bach

Allgemeines
Guten Morgen – ßabaach_alchär
(Antwort) – ßabaach_innuur
Guten Tag – aßalaamu_aleykom
(Antwort) – ualeykum_ußalaam
Hallo – märhabba
Wie geht's? – käf il_haal
Danke, gut. – alhammdulillah
Ich heiße ... – ismie ...
Auf Wiedersehen. – maaßalama
Morgen – ßabaach
Nachmittag – bada thuhr
Abend – maßaa
Nacht – läla
morgen – buckra
heute – aljoom
gestern – amms
Sprechen Sie Englisch? – (Mann) ant'tatkallm inglisie / (Frau) antitatkallmi inglisie
Ich verstehe nicht. – anna la affham
Würde Sie das bitte wiederholen? – kamaan marra lau ßamacht
Langsamer bitte! – schuay-schuay
bitte – min faddlack (zu Mann) / min faddlick (zu Frau)
danke – schukran
Keine Ursache. – al affu
was / wer / welcher – shu / mann / ayya
wo / wohin – uen / illa uen
wie / wie viel – käf / bi kam
wann / wie lange – matta / la ämta
warum – leesch
wie heißt das? – schu ism haadha
wo ist ...? – uen ...
Können Sie mir helfen, bitte? – mummkin anta tißa idni, minn fadlak
ja – aiua / naam
nein – la
Entschuldigen Sie. – mitt aßiff
Verzeihung – ismachli
rechts – al jamien
links – al jaßaar
Einen Augenblick, bitte. – lachsa schuay

Shopping
Wo gibt es ...? – uen fi
Wie viel kostet das? – bikamm haadha
Das ist zu teuer. – haadha raali kathier
Das gefällt mir / nicht. – haadha bidschibni / haadha la bidschibnie
Ich nehme es. – anna achdhu haadha
Wo ist eine Bank? – uen al bank
Geben Sie mir bitte 100 g Käse / 2 Kilo ... – atini miet gramm dschubna / ithnän kilo ...
Haben Sie deutsche Zeitungen? – aindak dscharida almanija
Wo kann ich ... – mummkin uen anna ...
... telefonieren –... atalfana
... eine Telefonkarte kaufen? –... aschtri kart telfoon
Danke, das ist alles. – schukran, haadha kullu
Können Sie mir das einpacken? – mummkin anta tahasam haadha
Ich möchte mich nur umsehen. – anna uried an aschuf bass

Essen und Trinken
Die Speisekarte, bitte. – al mänju min fadlack
Brot – chubs
Kaffee – Neskaffee
Arabischer Kaffee – kachua
Tee – schai
ohne Zucker – biduun ßuckar
mit Milch – schai chalieb
Orangensaft – aßier burtukaal
Suppe – schurba
Fisch – ßamack
Fleisch – lachm
Huhn – daschaasch
Beilage – mudschamilaat
Vegetarische Gerichte – tabak al_akl nabaati
Ei / Eier – bayda / baydaat
Salat – ßalata
Dessert – halaujaat
Obst – fauaake
Eis – buudha
Wasser – mai
Limonade – scharab al-lajmuun
Frühstück – futuur
Mittagessen – radaa
Abendessen – ascha
Ich möchte bezahlen. – anna uried adfa

Mit fliegender *Kandura* in die Dubai Mall, das weltweit größte Einkaufszentrum

Zu guter Letzt: Dubai – eine kritische Betrachtung

Kann man ruhigen Gewissens in Dubai Urlaub machen? Da lässt sich nicht viel diskutieren: In puncto Nachhaltigkeit und Umweltschutz sowie Demokratie und Menschenrechte ist Dubai ein Ort, der aus unserer Sicht gewaltigen Nachholbedarf hat. Noch immer quälen sich tagein, tagaus endlose Autokolonnen über die vielspurigen Straßen der Stadt, darunter viele riesige SUVs, die insbesondere bei den Einheimischen als wichtiges Statussymbol gelten. Okay, es gibt inzwischen die Metro und ein Netzwerk aus Buslinien, aber wer etwas auf sich hält – und das ist in Dubai sehr wichtig –, der fährt mit seinem riesigen Geländewagen selbst die kürzesten Strecken. Echte Anstrengungen, das zu ändern, gibt es nicht. Benzin ist spottbillig. Hinzukommen die Klimaanlagen, die in jeder Wohnung, jedem Haus und jedem Hotelapartment die Innentemperaturen auf einem angenehmen bis leicht unterkühlten Niveau halten. Das Wasser aus der Leitung stammt aus Meerwasserentsalzungsanlagen, die dafür gewaltige Mengen an Energie fressen. Und die Energie stammt nach wie vor zumeist nicht etwa aus der hier das ganze Jahr erhältlichen Solarenergie, sondern primär aus fossilen Energieträgern, sprich Öl und Gas. Ein Klimahorror, der sich hier abspielt und an dem sich wenig zu ändern scheint. Wer nach Dubai als Tourist kommt, reist fast ausnahmslos mit dem Flugzeug ein. Sieben Stunden Flug – die Umweltbilanz wird dadurch nicht besser.

Zudem wäre Dubai nicht das geworden, was es ist, wenn nicht unendlich viele Gastarbeiter zu minimalen Löhnen und unter erbärmlichen Bedingungen am Aufbau des Emirats mitgewirkt hätten. Die ärmsten von ihnen stammen zumeist aus Indien, Nepal, Bangladesch. Sie leben in Massenunterkünften, etwa unweit des Konsumtempels »Mall of the Emirates«. Die Regierung stellt immer wieder klar, dass sich die rechtlichen Rahmenbedingungen für die Gastarbeiter in den vergangenen Jahren verbessert haben. Aber wer die mageren, sonnengegerbten Gestalten auf den Baustellen oder in den mit Gittern zugehängten Arbeiterbussen sieht, käme nicht auf Idee, dass es diesen Menschen wirklich gut geht.

Hinzukommen die zahlreichen weiblichen Hausangestellten, die in den VAE arbeiten und zumeist aus Süd- oder Südostasien stammen. 2014 schätzte Human Rights Watch ihre Zahl auf insgesamt 146 000. Auch sie arbeiten häufig unter schlimmen Bedingungen.

Und da sollen wir Urlaub machen? Ich konnte diese Gegensätzlichkeit während meiner Zeit in Dubai für mich damit vereinbaren, dass ich als Journalist regelmäßig über die Missstände berichtet habe. Natürlich habe ich gleichzeitig von den komfortablen Lebensbedingungen in Dubai profitiert und war mir dessen bewusst.

Die Corona-Pandemie hat einige der Probleme noch einmal verschärft: In manchen Staaten müssen sich die Arbeitnehmer nun auf eine noch schwierigere Situation einstellen. So haben die VAE eigens ihre Arbeitsgesetzgebung geändert, um es Unternehmen zu ermöglichen, die Arbeitsverträge von Ausländern aufzukündigen und Verträge umzustrukturieren. Auf dieser Grundlage können diese nun deren Löhne senken und die Beschäftigten dazu drängen, unbezahlten Urlaub zu nehmen.

Was mich persönlich zudem sehr ärgert: Dass sich die VAE während des Angriffskrieges Russlands in der Ukraine nicht an den Sanktionen vieler Staaten beteiligt haben, sondern im Gegenteil, offenbar als Rückzugsort reicher Russen fungieren (Stand März 2022). Als ich mit einem arabischen Kollegen hierüber diskutierte, merkte der an, dass aus Sicht mancher arabischer Staaten der Westen hier mit zweierlei Maß messe. Russland habe ja auch in Syrien bereits klar Menschenrechtsverbrechen begangen und unschuldige Zivilisten getötet und Krankenhäuser zerbombt – ohne dass der Westen darauf mit entsprechenden Sanktionen reagiert habe. Warum sollten arabischen Staaten das jetzt tun, nur weil es dieses Mal die Ukraine ist, die in Putins Fadenkreuz geraten ist. Eine Perspektive, die sicherlich ihre Berechtigung hat und dazu anregt, einmal darüber nachzudenken, inwieweit wir Kriege und Konflikte unterschiedlich wahrnehmen.

Fälle von Festnahmen von westlichen Ausländerinnen und Ausländern unter eigenartigen Anschuldigungen gibt es immer wieder. Es sind insgesamt betrachtet natürlich Einzelfälle. Aber es schadet nicht, sich hin und wieder ins Bewusstsein zu rufen, dass trotz der modernen Kulisse hier andere Gesetze als bei uns gelten.

Ich habe einmal miterlebt, wie eine Südafrikanerin, die in einem Minirock und Tanktop eine Mall besuchen wollte, abgeführt wurde. Immer wieder Schlagzeilen machten auch Fälle von Briten, die sich bei einem Brunch in einem Hotel (in denen es legal Alkohol gibt) vollkommen betrunken hatten und dann torkelnd und grölend durch die Stadt oder an den Strand gingen – und daraufhin festgenommen wurden.

Nun muss man in diesen Fällen auch klar sagen, dass solches Verhalten nicht gerade von einer kulturellen Sensibilität zeugt. Dass das in einem arabischen/muslimischen Land nicht angebracht ist und die einheimischen Gepflogenheiten zu respektieren sind, halte ich für selbstverständlich.

Und kommen wir nun zu dem vielleicht wichtigsten Punkt, den ich nicht so lapidar unter »Was mir nicht gefällt« abhandeln kann: Auch wenn Dubai so modern, so weltoffen und tolerant wirkt. Auf dem Papier gelten hier nach wie vor konservative Gesetze. Dubai ist keine Demokratie, die VAE sind keine Demokratie. Die Pressefreiheit ist eingeschränkt, kritische Journalisten werden kontrolliert, haben mit Strafen zu rechnen. Die Geschichte von Prinzessin Latifa, einer Tochter von Scheich Mohammed bin Raschid al-Maktum, die 2018 versucht hatte zu fliehen und gewaltsam zurückgebracht worden sein soll, ging durch die Presse.

Unterm Strich ist für mich wichtig, Dubai nicht nur als das perfekte Glitzeremirat zu sehen und ausschließlich dieses Bild auf Instagram etc. zu reproduzieren, sondern Missstände und politische Fehlentscheidungen kritisch anzumerken – das sollte man auch als Tourist im Hinterkopf haben und beachten.

Register

Bildnachweis

Coverfoto: Constantin Schreiber, Madinat Jumeirah, Dubai © privat

Umschlagrückseite: Blick aus der Wüste auf den Business District, Dubai © Getty Images: owngarden

Alle Fotos Constantin Schreiber außer: **AWL Images:** Alan Copson 137, Alex Robinson 10, Chris Mouyiaris 48, 74, Danita Delimont 89, Peter Adams 12_3, PhotoFVG 102; **Getty Images:** DigitalVision/David Trood 172-173, E+/LeoPatrizi 98, Moment 14-15, Moment Open/Joerg Reichel 124, Moment: Matteo Colombo 177, Stone/Buena Vista Images 150; **Huber Images:** Giovanni Simeone 16; **imago images:** Arabian Eye 92, Christopher Pike 130, ZUMA Wire 175; **laif:** Joerg Glaescher 112, Jose Giribas/SZ Photo 185, Lutz Jäkel 5, 20, 39, 65, 66, 79, 111, 115, 116, 119, 162, 168, Rene Mattes/Hemis.fr 70, S. Fautré/Le Figaro Magazine 9; **mauritius images:** Alexey Stiop/Alamy 142; **plainpicture:** 26, 51, 121; **Shutterstock:** Alex Hubenov 51, AbElena 93, Umschlag innen, Aleksandra Tokarz 140, Ayoub kayor 82, berni0004 25, Curioso.Photography 87, David Steele 106, DedMityay 178, Delpixel 43, Donaldb 167, Elnur 155, Umschlag innen, frantic00 19, 55, Funny Solution Studio 100, H1N1 90, hybridimages 96, images4ever 84, Joerg-Drescher 58, Umschlag innen, Juliya_Ka 75, Just dance 12_2, Laborant 62, Marianna Ianovska 152, Matej Kastelic 35, MOVOYAGEE 171, Umschlag innen, oneinchpunch 76, 80, Umschlag innen, R. de Bruijn_Photography 72, Rasto SK 183, Rus S 69, Umschlag innen, saiko3p 135, shutterlk 30, Umschlag innen, Stefan Holm 32, Sudarsan Thobias 11_3, Sviatlana Yankouskaya 95, Tavarius 29, Umschlag innen, travelwild 104, Zhukov Oleg 180; **Unsplash:** Saj Shafique Umschlag innen, Tiago Muraro Umschlag innen.

Impressum

POLYGLOTT

POLYGLOTT ist eine eingetragene Marke der GRÄFE UND UNZER VERLAG GmbH

ISBN 978–3-8464-0887-2

1. Auflage 2022

Autor: Constantin Schreiber
Redaktion und Projektmanagement: Anne-Katrin Scheiter
Lektorat: Christiane Schwabbaur
Bildredaktion: Nora Goth
Satz: Nadine Thiel, Baldham
Kartografie: Gerald Konopik, Fürstenfeldbruck
Schlusskorrektur: Ulla Thomsen
Umschlaggestaltung und Layout: Favoritbuero Gbr
Herstellung: Gloria Schlayer
Repro: Medienprinzen, München
Druck und Bindung: Livonia Print, Lettland

Ein Unternehmen der
GANSKE VERLAGSGRUPPE

Wichtiger Hinweis
Die Daten und Fakten für dieses Werk wurden mit äußerster Sorgfalt recherchiert und geprüft. Wir weisen jedoch darauf hin, dass diese Angaben häufig Veränderungen unterworfen sind und inhaltliche Fehler oder Auslassungen nicht völlig auszuschließen sind.

Ansprechpartner für den Anzeigenverkauf:
KV Kommunalverlag GmbH & Co. KG, MediaCenter München, Tel. 089/928 09 60

Bei Interesse an maßgeschneiderten B2B-Produkten:
roswitha.riedel@graefe-und-unzer.de

Leserservice
GRÄFE UND UNZER Verlag
Grillparzerstraße 12, 81675 München
www.graefe-und-unzer.de

Umwelthinweis
Nachhaltigkeit ist uns sehr wichtig. Der Rohstoff Papier ist in der Buchproduktion hierfür von entscheidender Bedeutung. Daher ist dieses Buch auf PEFC-zertifiziertem Papier gedruckt. PEFC garantiert, dass ökologische, soziale und ökonomische Aspekte in der Verarbeitungskette unabhängig überwacht werden und lückenlos nachvollziehbar sind.